Eduard von Bauernfeld

Poetisches Tagebuch

In zahmen Xenien von 1820 bis Ende 1886

Eduard von Bauernfeld

Poetisches Tagebuch
In zahmen Xenien von 1820 bis Ende 1886

ISBN/EAN: 9783744676205

Hergestellt in Europa, USA, Kanada, Australien, Japan

Cover: Foto ©ninafisch / pixelio.de

Weitere Bücher finden Sie auf **www.hansebooks.com**

Poetisches Tagebuch.

In zahmen Xenien von 1820 bis Ende 1886

von

Bauernfeld.

Berlin, 1887.

Verlag von Freund & Jeckel.

(Carl Freund.)

Vorwort.

Ein Tagebuch ist eine Art von Beichte, die man sich selbst ablegt. Der Autor hat die hier folgenden Blätter erst in seinem hohen Alter gesammelt, geordnet, gesichtet und ergänzt. Sie umfassen einen Zeitraum von siebenundsechzig Jahren und reichen von den naiven zwanziger Jahren über das revolutionäre 1830 und 1848 bis in die Gegenwart. Ich ersuche den geneigten Leser, die beigeschriebenen Jahreszahlen nicht zu übersehen. Der Jüngling wirft so Manches rasch auf's Papier, was er, zum Manne geworden, vielleicht belächeln, wenn nicht gar verwerflich finden wird; man spricht in aufgeregten Zeiten, im Drange des Augen= blicks Gedanken und Empfindungen aus, deren man sich in ruhigen Tagen, bei völlig veränderten Zeitumständen und bei vielleicht auch reiferer Bildung kaum mehr als seiner eigenen und selbstgehegten zu erinnern vermag. Ich hatte nicht das Herz, derlei Exuberanzen einfach weg zu streichen, wenn sie geeignet waren, irgend ein bedeutendes Moment des öffentlichen oder Privatlebens zu bezeichnen und mir Ausdruck und Form, wenn nicht immer treffend, zum mindesten passend und genügend erschien. Dagegen verdammte ich ohne Barmherzigkeit eine Menge Xenien, welche seit Jahren in Journalen

und sonst abgedruckt sind, und die weder nach dem Ge=
halt, noch nach der Form tauglich waren, in die vor=
liegende Sammlung aufgenommen zu werden. An
schwächeren Partien wird es zwar auch hier nicht
fehlen, so sehr ich bemüht war, unter den vielen hun=
derten von Einfällen und Ausfällen mit dem Beistand
literarischer Freunde zu wählen, zu feilen und — zu
streichen.

Eine Bemerkung sei mir hier noch gestattet. Man
macht dem Österreicher und so auch dem österreichischen
Schriftsteller nicht selten den nicht ganz unverdienten
Vorwurf, daß er sich darin gefalle, zu „frondiren"
und über sein Vaterland, das er doch liebe, bisweilen
spottend und nergelnd los zu ziehen, dagegen die Vor=
züge anderer Staaten und Völker dem eigenen Lande
lobpreisend entgegen zu halten. Auch ich kann mich
von diesem Fehler nicht ganz frei sprechen. Wenn man
aber bedenkt, welchen Wechsel und welche Wandlungen
ich in Österreich erleben mußte, so wird man den ein=
gestreuten politischen Xenien ihr Recht der Existenz
kaum absprechen dürfen und es dem Autor nicht ver=
übeln, wenn er in der Zweitheilung des Reiches, in
der Zwietracht und in dem Kampfe der Nationalitäten,
in der zeitweisen Niederhaltung des deutschen Elemen=
tes u. s. w. genügende Anhaltspunkte zu finden glaubte,
um seinem Hang zur Satire bisweilen freien Lauf
lassen zu dürfen. Des Naiven und Gemüthlichen, be=
sonders in der Jugendzeit des Autors, ist dagegen so
Manches beigemischt, das vielleicht geeignet sein dürfte,

auch die nicht fehlenden Kanten und Schärfen in einem
etwas milderen Lichte erscheinen zu lassen. Dabei bleibt
es doch immer derselbe Mensch, welcher in wechselnden
Zeiten und Stimmungen wie in verschiedenen Alters=
stufen seine Selbstbekenntnisse ablegt.

Und nun zur Sache!

> Was ich in jungen wie alten Jahren
> Gefühlt, gedacht, erlebt, erfahren,
> In Reimen steht's hier aufgeschrieben —
> Ist Manches auch in der Feder blieben.

> Seit sechzig Jahren und noch länger
> Ein Xenienschmied und Grillenfänger,
> Man schalt mich sonst das „böse Maul" —
> Jetzt bin ich alt und redefaul.

> Satire, sagt man, und Ironie
> Erbittern nur und bessern nie —
> Nun, wenn ich den Leuten auch Ärger mache,
> Sich bessern ist dann ihre Sache.

> Müßt meiner Manier Euch anbequemen,
> Nicht jeden Ausfall wörtlich nehmen,
> Und geh ich Manchem was hart zu Leibe —
> S' ist ja bekannt: Ich übertreibe!

Wien im März 1887.

Bauernfeld.

Erste Abtheilung.

Aus den zwanziger Jahren.

1820.

Sobald der junge Tag erwacht,
Magst Dein Geschäft verrichten,
Doch einzig taugt die Sternennacht
Zum Lieben und zum Dichten.

❋❋

Vöglein flattern im Gedränge,
Federvolk, man läßt es gelten,
Spatzen gibt es eine Menge,
Eine Nachtigall ist selten.

❋❋

Ängstlich regt er seine Schwingen,
Ist's ein Singvogel, so wird er singen.

❋❋

Die „Ahnfrau" gelesen. Bin außer mir.
Das ist ein Dichter! . . . Was sind wir?

❋❋

Im Anfang hat ein Jeder dilettirt,
Weiß keiner, ob er ein Künstler wird.

❋❋

Die längst als des Parnasses Spitze prangen,
Auch Goethe und Schiller haben angefangen.

Das aber diente uns aufzureiben:
Anfangen und Anfänger bleiben!

❋❋

Wer ist größer? Schiller? Goethe?
Wie man nur so mäkeln mag!
Himmlisch ist die Morgenröthe,
Himmlisch ist der helle Tag.

❋❋

Ein Jeder ein Erster! Seid zufrieden,
Daß Euch zwei solche Größen beschieden,
Hat Jeder seine sondern hohen Gaben,
Ein Goethe=Schiller ist nicht zu haben.

❋❋

Zur schlimmen Stunde soll ich ruhn?
Was soll mir dieser Ausspruch frommen!
Ich werd' am Ende gar nichts thun,
Da lauter schlimme Stunden kommen.

❋❋

„Bist auf dem Wege, Goethe nachzuahmen." —
Der eigne Stil, er will mir noch nicht fließen.
So, wenn mir eigene Gedanken kamen,
Versucht' ich sie in fremde Form zu gießen.

***

Nachahmer, nimm Dich in acht!
Was einer macht,
Dem keiner gleicht,
Das wird vom zweiten nie erreicht.

***

Ein Stoff! Ein Stoff! Wer weist mir seine Spur?
Wie wollt' ich mich darein vergraben!
Wir armen Stümper aber schreiben nur,
Was And're schon vor uns geschrieben haben.

***

Ich sinne hin und her und kann nichts Rechtes leisten,
Und daß ich noch so jung, das ärgert mich am meisten.

***

Wann endlich geht der innre Drang vorüber,
Das ganze dumme Entwicklungsfieber!

1821.

Wann ich am glücklichsten gewesen?
Beim Schreiben und beim Lesen
Und Eins nicht zu vergessen:
Wenn ich im Theater gesessen.

***

Wir jungen Leute waren beglückt·
Bei Goethe und bei Schiller,
An Egmont hatten wir uns entzückt,
Geweint mit Luise Miller:
Doch fanden auch ihr Publikum
Dii minorum gentium!
So nahmen wir in Kauf dazu
Iffland und Kotzebue.

***

Schauspieler sind gefeite Naturen,
Sie schreiten auf der Götter Spuren.
Wie sie in Helden und Fürsten sich verwandeln,
Man muß sie mit Respekt behandeln.

***

Wie es uns erfreuen sollte,
Wenn „Jaromir" mit uns kneipen wollte!

❦❦

Die Nächte durchschwärmt —
Wir grämen uns!
Getollt und gelärmt —
Wir schämen uns,
Doch später ins Himmels Namen
Gebüffelt für's Examen!

❦❦

Handwerker am Sonntag ungenirt
Mit seinem Liebchen herum spazirt,
Wir armen Studenten, drei und viere,
Wir wandern mädchenlos zum Biere.

❦❦

Lieben ist wohl süß, mein Kind,
Heiraten geht nicht so geschwind,
Drum bleib' Du immerhin mein Herzchen,
Auch ohne Hymens Opferkerzchen.

❦❦

Es kommt auch aus einem Philisterhaus
Zuweilen ein kluges Mädchen heraus.

❦❦

Wie ich das täglich sehe,
Sie leben in zahmer Ehe.

❦❦

Die Leute haben das Geschick
Sich täglich neu zu ennuiren,
Sie nennen das Familienglück —
Ich mag davon nicht profitiren.

❦❦

Ich bin nicht gern allein,
Gewiß mein Mädchen auch nicht,
Doch läßt sie mich nicht ein,
Es ist einmal der Brauch nicht.

❦❦

Wenn ich vierhändig mit ihr spiele,
Mama bewacht uns — unbegehrt,
Doch wenn sie uns den Rücken kehrt,
Da gibt es Küsse, heiße, viele!

❦❦

Wie mich die hübsche Kleine rührt!
Sie wäre gar zu gern verführt.

❦❦

Genug der Tändelei! Bald zwanzig, muß mich schämen!
Sich sammeln gilt es, sich zusammennehmen.

❦❦

Die erste ernste Liebe. Das kam denn so
Auf einem Ball, ganz wie bei Romeo.

Wir hatten uns gleich in den ersten Stunden
Wie traute Freunde zusammen gefunden;

Nicht prüd und steif, wie sonst Ballfräulein sind —
Nein, sinnig, schalkhaft auch, halb Jungfrau und halb Kind.

1822.

Ich bin ein Jusbeflissener
Und innerlich Zerrissener.

✤✤

Drei Dinge, die vertragen sich nie:
Das Jus, die Liebe, die Poesie;
Das Jus ist feindlich gesinnt den beiden,
Und diese mögen das Jus nicht leiden:
Dichtkunst und Liebe, ungern im Vereine,
Will Jedes herrschen für sich alleine.

✤✤

Fristet man sein Leben,
Wie ich, durch Stundengeben —
Die Stunden schleichen, die Stunden eilen,
Und man versäumt ein Rendez=vous bisweilen.

✤✤

Wie sie da lieblich schmollte!
Wen das nicht rühren sollte!

✤✤

Gemütlicher Umgang nach freier Wahl,
Ein neuer Mensch, eine neue Qual.

❦❦

Bedeutenden Menschen begegne nur mit Zagen,
Was hast Du ihnen, was sie Dir zu sagen?

❦❦

Grillparzer kennen lernen.
Er nahm sich meiner freundlich an,
Ich hätte gern mein Herz ihm aufgethan,
Doch naht man ihm, so wird er sich entfernen.

❦❦

Ein Dämon haust in seinem Busen,
Der Incubus erschreckt die Freunde, scheucht die Musen.

❦❦

So schreib ich's nieder im Herzensdrang,
Einfälle ohne Zusammenhang.

❦❦

Einem Commerse beigewohnt verstohlen,
Wir glaubten schon, sie würden uns holen.

❦❦

Wie ich vor ihm erschrecke,
Dort vor dem Polizeimann an der Ecke!
Bin ja kein Vagabund, kein Strolch,
Ich bin ein Kind der heitern Musen,
Und nichts als einen Theaterdolch
Trag' ich versteckt im Busen.

❦❦

Immer klingt's mir in den Ohren:
Censurirt sind wir geboren!

❋❋

Er köpft den Dichter wie den Denker,
Der Censor, dieser geheime Henker.

❋❋

Wie sie den Fürsten Metternich verhimmeln,
Und unseren Goethe und Schiller verstümmeln!

❋❋

Wollt' ich derlei drucken lassen,
Würde die Censur mich fassen;
Ändert sich der Dinge Lauf,
Heb' ich's für die Zukunft auf.

1823.

Die Shakespeare-Ausgabe übernommen ...
Wie werd' ich damit zu Stande kommen?

❦❦

Wir übersetzen frisch und rüstig weiter,
Ich und die Studenten, meine Mitarbeiter.

❦❦

Wir conversiren nur in „Humoren"
Und sind freigebig mit „Esel bohren".

❦❦

Scheitern wir mit uns'rer Mache,
Ist das des Verlegers Sache.

❦❦

Der erste Bogen in Druckerschwärze
Erfreut das Herze!

❦❦

Das erste Honorar —
Wie stolz ich war!

❦❦

Es ist eine eigene Empfindung,
Zu leben von eines Andern Erfindung. —
Doch hat es immer sein Bedenken
In eines Andern Geist sich völlig zu versenken.

❦❦

Mein bißchen eig'ne Poesie verklungen,
Der große Dichter hat sie verschlungen.

❦❦

Bei meiner Arbeit, der übermäßigen,
Mußt' ich die Liebste vernachläßigen.

❦❦

In der Gefühle überwallen
Ließ unlängst sie ein Wort von Heirat fallen.
Darf ich um eine reiche Erbin frein?
Ein armer Student! Wie könnt ich mirs verzeihn?

❦❦

Wie soll ich mich fassen?
Wie wird sichs gestalten?
Kann ich sie lassen?
Darf ich sie halten?

❦❦

Sagst Du zum schönen Augenblick: „Verweile" —
Du mahnst vergebens. Er hat Eile.

⁂

Die Jugend und die Liebe,
Sie wollen sich nicht beerben,
Sie denken, mit einander
Zu leben und zu sterben.

1824.

Das Tagebuch ſo leer! Nur dieſe Zeilen!
Hab' ich denn etwas mitzutheilen?

❧❧

Ein volles Jahr noch bin ich rhythmiſch angekettet,
Und in Prokruſtes Lager gebettet.

❧❧

Statt überſetzen wollt' ich mich verpflichten,
Wie früher, dumme Jungen zu unterrichten.

❧❧

Mein Wort, ſie hat es mir zurück gegeben,
So bin ich jetzt allein und frei —
Doch glücklich? Nein! Dazu gehören zwei
Und ſie gehörte zu meinem Leben.

❧❧

Wir ſind geſchieden
Mit Schmerzen, doch in Frieden.

❧❧

Noch denk' ich stets des sonnigen Angesichts,
Und alle andern Mädchen sind mir nichts!

Weit lieber die Sorge, die noch so schwere,
Als diese unendliche Lebensleere!

1825.

Befreit von schweren Banden
Jus und Shakespeare überstanden!

❦❦

„Sage, was wählst für einen Stand?"
Pflastertreter vor der Hand.

❦❦

Soll ich in einem Amt verrosten?
Besser freie Luft verkosten!

❦❦

Wälder rauschen,
Rehlein lauschen,
Vor dem Jäger auf der Hut,
Zwischen diesen
Gletscherriesen
Wächst das Herz und schwillt der Mut.

❦❦

Bergstrom rauscht in wilder Schöne,
Schäumend seinen Gischt empor,
Wasserfalles Donnertöne
Poltern schreckend an mein Ohr.
Und so geht es weit und weiter,
Traute Freunde als Begleiter,
über Klüste, über Höhen,
Der Natur in's Herz zu sehen.
Aus der Seele welch' Gewühle
Bricht hervor mit Allgewalt!
Da ich mich noch wachsen fühle,
Bin ich noch nicht alt.

❦❦

Diese Welt ist doch die beste
Und sie lebt sich ziemlich gut,
So mit einem Jugendreste
Und ein bißchen übermut.

❦❦

Auf Reisen ist man ein Anderer,
Gut Freund mit jedem Wanderer,
Doch bist Du wieder daheim erschienen,
Begegnen Dir nur gleichgiltige Mienen.

❦❦

Es senkt sich der hoch erhobene Nacken,
Man kommt nach Haus — und wird hausbacken.

1826.

Im Bureau, zu Eid verpflichtet …
Mir ward, als würd' ich hingerichtet.

Sie ſitzen und ſchreiben und ſtreichen
Ihre Beſoldung ein;
O Glück ſonder Gleichen,
Beamter zu ſein!

Sie dienen, ſie dienen,
Wär's unter Ruinen!

Vierzig Jahr' auf einer Säule ſteh'n —
Wunderliches Beſtreben!
Vierzig Jahr' in's Amt zu geh'n —
Nicht viel amuſanter eben.

1827.

Ein Abschnitt in meinem Lebenslauf:
Ein Lustspiel fertig. Wer führt mir's auf?

Hab' unter Zweifeln und Bangen
Ein zweites und drittes angefangen,
Und kam die Sach' einmal in Guß,
Für Schubert die Oper*) zum Überfluß.

---

*) Die Oper „Der Graf von Gleichen", welche Schubert durchcomponirt, jedoch nur theilweise instrumentirt. An der Vollendung hinderte ihn sein frühzeitiger Tod.

Anmerkung des Autors vom Jahre 1885.

1828.

Rührt die Trommel, rührt!
Mein Stück wird aufgeführt!

* *

Im Orchester der erste Bogenstrich —
Ins Herz ein Stich!

* *

Die ersten Scenen. Mir ward nicht wohl,
Die Verse klangen so schaal, so hohl!
Hat sich das Publikum amusirt?
Schwind und Schubert haben applaudirt,
Lobsprüche der Freunde, von Allen!
Mir aber ist, als wär' ich durchgefallen.

* *

Succès d'estime! Ein böses Wort!
Die Freude war, die Hoffnung fort!

* *

Ich war ernüchtert
Und eingeschüchtert.

❀❀

Schrieb dieser und jener Recensent:
„Herr B. ist kein dramatisches Talent."

❀❀

Was träumt man von Theatersiegen;
Hätt' ich die Bretter nie bestiegen!

❀❀

Beethoven † 26. März 1827.
Schubert † 19. November 1828.

Wer schafft uns eine Heroika?
Wer frische Müllerlieder?
Das Reich der holden Musika
So glanzvoll kehrt es nimmer wieder!

❀❀

Mit Schubert und Schwind im treuen Bunde
Verlebt ich manche schöne Stunde,
Der Jüngere so zart und weich,
Und Beide an Genie sich gleich.
Die letzten Blüthen in Oesterreich.

❀❀

Mein trauter Moriz, wir haben
Den beſten Freund begraben,
Braucht kein Betheuern, kein Schwören,
Daß wir fürs Leben uns angehören.

1829.

So viel versucht und nichts erreicht!
Die fleißige Arbeit will nicht lohnen,
Und wenn ein Tag dem andern gleicht,
Verlegt man sich auf Reflexionen.

※※

Die Kunst — Ihr läugnet mir's nicht weg —
Ist das Zweckmäßige ohne Zweck.

※※

Und wenn ich erst gestorben bin,
Ich könnt' mich nicht d'rein finden,
Mir ist, als müßte die ganze Welt
Mit mir aus der Welt verschwinden.

※※

Es darf Dir nicht den Sinn verwirren,
Dein Herz, es soll fürs Gute nicht erkalten —
Weit lieber mit dem Edlen irren,
Als mit dem Schurken Recht behalten.

※※

Das Ding, es macht mich üblen Mutes,
Wie ſie Verkehrtes trachten:
Hilft Alles nichts, thu ihnen Gutes,
Mußt Du ſie gleich verachten.

❋❋

Man kommt niemals zu Ruh'
Und bleibt doch ſtets auf dem alten Fleck.
Heut ſtrömen mir Gedanken zu
Und morgen ſchwemmt es ſie wieder weg.

❋❋

Die Zweige verdorren, ſeit ſie entſchwebte,
Dryade, die den Stamm belebte.
Kopfſchüttelnd der Gärtner meint indeſſen,
Die Raupen hätten den Baum zerfreſſen.

❋❋

Wenn Dir ein ſchöner Fruchtbaum ward,
So ſcheuch' das Spaßenvolk mit Knitteln,
Doch laß den Weſt nach ſeiner Art
Alles durcheinander ſchütteln.

❋❋

Der Eine treibt's,
Der And're ſchreibt's,
So leben wir ein Jeder,
Der von der Gans, der von der Feder.

❋❋

Hab' ich ſo manchen Puff ertragen,
Mag man mich auch zum Ritter ſchlagen.

❋❋

Fühle zart und denke scharf,
Was nicht jeder kann,
Gieb der Welt, was sie bedarf,
Und Du bist ihr Mann.

❉❉

Die Perle, die in der Muschel ruht,
Sie liegt in der Meeresgötter Hut.

❉❉

Bergauf sachte,
Bergab achte,
Grad aus trachte.

❉❉

Wenn man sich nur verstehen möcht',
Es ließe Manches sich erreichen,
Doch ist man immer ungerecht,
Am meisten gegen seines Gleichen.

❉❉

Partei zu nehmen bringt kein Heil,
Vorliebe ist immer auch Vorurtheil.

❉❉

Schnell nützt sich's ab, das ist der Zeiten Fluch,
Der neue Gedanke, das neueste Buch.

❉❉

Das Glück will Manchem ein Amt bescheeren,
Für das er nicht erkoren,
Und kommt ein Esel zu Ehren,
So wachsen ihm noch die Ohren.

Der große Mann eilt seiner Zeit voraus,
Der kluge kommt ihr nach auf allen Wegen,
Der Schlaukopf beutet sie gehörig aus,
Der Dummkopf stellt sich ihr entgegen,

Zweite Abtheilung.

1830 bis 1848.

1830 bis 1848.

Beobachter" und „Wiener Zeitung"
Besorgen bei uns die politische Leitung,
Auch flunkert mit liberalem Scheinen
Zedlitz in der Augsburger Allgemeinen
Und werden uns insgeheim geboten
Kurandas verpönte grüne „Grenzboten".

❦❦

Wir leben in einem politischen Zwinger,
Doch Polizei sieht durch die Finger.

❦❦

Wird immer schwieriger zu regieren,
Wenn die Beamten selber opponiren.

❦❦

In den Notstall, den wir bewohnen
Mit verschiedenen wilden Nationen,
Leuchten hinein zwei helle Freiheitssterne:
Heine und Boerne.

❦❦

Der versatile
Nervos subtile
Der alte Gentz
Erblüht in einem neuen Lenz,
Durch Heine's Verse elektrisirt,
Durch Fanny's Reize galvanisirt.

**

Wie steht's in Paris
Mit Charles Dix?
Es heißt, er will das Volk kuranzen
Mit jesuitischen Ordonanzen.

**

Der Zweifel, das Bangen vorbei,
Jacta est alea! Paris ist frei!
Den Julitagen ein Gloria —
„St! Naderer da!"

**

Mach' Dein Testament, Bourbon!
Orleans sitzt auf dem Thron.

**

Königshaupt wie das der Hyder,
Schlag' es ab, es wächst gleich wieder.

**

Hoch, hoch, und sollt' es Euch erbozen,
Die Flügelmänner der Welt, Franzosen!

1831.

In Frankreich ein Gähren und Treiben,
Wie die Parteien sich reiben,
Fast schäm' ich mich, Lustspiele zu schreiben.

※※

In Schaffens Wehen der Erdball kreist,
Bei uns das alte Wesen,
Und wer nach Wiener Neustadt reist,
Hat einen Paß zu lösen.

※※

Der Wiener Poet klopft an.   Herein!
„Darf ich so frei sein, frei zu sein?"

※※

Bin jetzt Hofkammerpraktikant,
Adjutum vier hundert Gulden,
Wird in X Jahren ein Koncipist vakant —
Da heißt es sich gedulden!

※※

Nach Frankreich lockt's mich ohne Unterlaß —
Wer verschafft mir einen Paß?

1832.

Mich umweht's wie Moderhauch —
Nein, so kann's nicht bleiben!
Stumm gehorchen, ewig auch
Censurirt zu schreiben.

Es ist zu ihrem eigenen Schaden,
Wenn die Frösche den Storch zu Gaste laden.

Der Weise sitzt in der Eremitage,
Ringsum wohnt die Bagage.

Das ist nun deine Art:
Du lebst so neben der Gegenwart.

1833.

Sie wundern sich, daß sie Kälte spüren,
Und heizen mit ihren Zimmerthüren.

❃❃

Natur hat ihn stiefmütterlich behandelt,
Da er nur auf zwei Füßen wandelt.

❃❃

Vor Recensenten habt kein Bangen,
Nur Würmer sind es, keine Schlangen.

❃❃

Wie fallen sie her über mich,
Gott sei's geklagt!
Wenn man „schlechter Kerl" — sagt,
Ein „Jeder" bezieht's auf sich.

❃❃

Es ist eine eigene Menschenart,
Stets sicher und dreist,
Und immer Geistesgegenwart,
Nur ohne Geist.

❃❃

3*

Wie deutsch der alte Goethe war,
Das werden die Teutschen erfahren,
Wenn sie erst Teutsche geworden sind
Nach einigen hundert Jahren.

**

Seht, sie wallen hin zum Feste
Nach der Kirche frommen Lehren,
Großer Männer theure Reste
Gilt es gläubig zu verehren.

**

Jeder mag sich d'ran betheiligen,
S' ist ein lieblicher Gedanke,
Jeder glaub' an seinen Heiligen,
Sorgsam aufbewahrt im Schranke.

**

Goethe's Handschrift zu bewahren
Galt als köstlichstes Gedächtniß.
Faßtet ihr den Geist, den klaren,
Wär's ein würdiger Vermächtniß.

**

Sagt Einer: „Ich mein' es ehrlich" —
Der Mann ist gefährlich!

**

Dünkst Du Dich klug und weise,
Wie erhältst Du Dich im Gleise?
Dies das Mittel — künd' es weiter —
Du mußt werden noch gescheidter.

Ich träumte, daß ich ein Ehmann sei,
Doch ich erwachte — das war's vorbei.
Ich sprang aus dem Bette frei und frank,
Bin ledig geblieben, Gott sei Dank!

1834.

Sonst war ich fleißig, ein früh Aufsteher,
Und Bücher verschlang' ich haufenweise,
Jetzt in der Kunstgenossen Kreise
Ward ich ein spät zu Bette Geher.

※※

Sind Theatererfolge ein Glück?
Es bleibt ein Gefühl der Leere zurück.

※※

Er träumt von theatralischen Siegen,
Wenn Hans und Grete sich kriegen.

※※

„Greif' tiefer! Der Satire freien Lauf!"
Gern. Doch dann führen sie mir's nicht auf.

1835.

Das junge Deutschland, ich fürchte sehr,
Es wird frühzeitig altern:
Vom deutschen Bunde her
Da weht die Luft gar schwer —
Weh' diesen Frühlingsfaltern!

❄❄

(Amtlicher Ukas.)

„Was Gutzkow und Laube,
Was Kühne und Wienbarg und Theodor Mundt
Jemals geschrieben und künftig schreiben,
Soll für alle Zeiten verboten bleiben."
So gegen deutsche Literaten
Wahnsinnig gewordene Bureaukraten.

❄❄

Österreich und Preußen seh'n einander
Mit scheelen Augen an selbander,
In Einem Punkte kommen sie sich näher:
Als Deutschlands Polizeiaufseher.

❄❄

Angeber beliebt und Kriecher,
So Demagogenriecher.

**

Zuchthaus beherbergt da und hie
So manchen Jünger der Poesie.

**

Dichter spinnen Wolle jetzt,
Seide spannen sie nie zuletzt.

1836.

Urlaub so auf sechs Wochen genommen,
Den Paß in's Ausland nur mit Müh' bekommen,
Doch endlich ging's in's Weite,
Freund Anastasius zur Seite.

❦❦

(Ausflug in's „Reich.")

Wie sie schwärmen im Gedränge,
Freiheitsänger, laßt sie gelten!
Versekünstler eine Menge,
Doch ein Dichter ist gar selten.

❦❦

Da bring' ich Euch Einen aus Österreich,
Ein Dichter und ein Graf zugleich.

❦❦

Wild braußten, als wir durch Deutschland zogen,
Die literarisch-politischen Wogen,
Und wieder und wieder
Erklangen Freiheitslieder.

❦❦

In Dresden und Leipzig pokulirt
Mit vielen Kunstkollegen!
Der „Wiener-Poet" ward hoch fetirt,
Der Treffliche saß verlegen.

**

Auch in Weimar stellten wir uns ein,
Doch kamen wir zu späte,
Der große Pan war todt — und was
Ist Weimar ohne Goethe?
Doch fanden wir Frau Ottilie,
Die uns gar freundlich aufnahm,
Auch die Hausgenossen stellten sich ein,
Die man mit in den Kauf nahm.

**

Wir traten in Goethe's Schlafgemach —
Ach, wer ihn wieder weckte!
Es fehlte leider auch Eckermann,
Der sich vor uns versteckte.
Nach Tische schritten wir nach der Ilm
Und über dieselbe Brücke,
Von der Frau Herder hinunterschmiß
Ihres edlen Gatten Perücke.
Noch manches Pikante ward erzählt,
Aus den lustigen Weimarer Tagen,
Vom jungen Goethe und seinem Herrn,
Ich will's nicht weiter sagen.
Nach Hofe für den nächsten Tag
Wollt' man uns invitiren,
Doch hinderte die Eilpost uns,
Von der Gnade zu profitiren.

**

Am Rhein war die Empfindung gemischt,
Nur halb freie Lust, doch sie erfrischt.

❦

In Bonn, da rührten wir gemach
An A. W. Schlegels Klinke.
Der Herr Professor erschien frisirt
Und auf den Wangen Schminke.
Der Ex-Romantiker empfing
Uns vornehm und gemessen,
Er hat die stürmische Jugendzeit,
Shakespeare und sich selber vergessen.
Er lebt und webt nur im Sanskrit,
Verehrt die indischen Götzen,
Was in der Neuzeit sich bewegt,
Das dient ihm zum Entsetzen.
Des Grafen Besuch erfreut ihn sehr,
Er ließ sich von ihm hofiren,
Des Wiener Poeten Sangeskampf
Schien er zu ignoriren.
Die mumienhafte Gelehrtengruft
Verließen wir um so lieber!
Am Rhein, da weht die Freiheitsluft
Aus Frankreich frisch herüber.

❦

In Stuttgart traf ich den Franzosenfresser,
Wir kamen in Streit schier bis aufs Messer.

❦

Wenn Börne über Goethe schimpft,
Er thuts in seinem Glauben,
Doch wenn Herr Menzel die Nase rümpft,
Der darf sich's nicht erlauben.

❦❦

Freund Schwind in München heimgesucht,
Er schafft in frischer Blüte,
Der Zauber der Romantik weht
Aus seinem reichen Gemüte.

❦❦

Zu Hause.

Man macht sich eigene Gedanken,
Empfangen uns wieder die schwarzgelben Schranken.

❦❦

Erst einen Trunk aus dem Lethe,
Bevor ich das Tax= und Stempelbureau betrete.

1837.

Einen dummen Streich gemacht,
Saphir auf's Theater gebracht!
Großer Applaus
Im weiten Haus,
Erschien auf der Bühne, so zwischen
Händeklatschen und Zischen.
Doch Tags darauf das Stück verboten:
Liegt bei den Todten.

∗∗

Censur begünstigt nur die Malhonneten,
Wir Andern werden in den Staub getreten.

∗∗

Dein Schaffen erfreut das Publikum,
Das gern bei Deinen Witzen lacht,
Doch wenn man Dich herunter macht,
So hat es auch sein Gaudium.

1838.

Zum stolz sein habt Ihr keinen Grund!
Jagdhund ist Sklave wie Kettenhund.

Du bist mir auch von den Rechten!
Ein Knecht, befiehlst den andern Knechten.

1839.

Ich leb' in Hast und ohne Ruh!
So komm' ich nicht vom Fleck,
Heut' strömen mir Gedanken zu,
Und morgen schwemmt es sie wieder weg.

In mir und um mich wird es still,
Kein Singen und kein Klingen!
Seit „Bürgerlich und Romantisch“ will
Kein Lustspiel mir gelingen.

1840.

Mehrmals durchgefallen.
Das ist Künstlers Erdenwallen!

❧❧

Da Alles mir mißlungen,
Zum übersetzen mich verdungen.

❧❧

Das giebt denn immer Zerwürfnisse,
Lebt man von heut auf morgen,
Hat geistige Bedürfnisse,
Und muß für leibliche sorgen.

1841.

Schrieb anonym gegen das System —
Was soll es nützen?
Denn oben sitzen
Fest und bequem
Die Mächtigen, die es stützen.

Wie nenn' ich mein Hauptübel gleich?
Ich leide an Oesterreich!

1842.

Der Liebende in reiferen Jahren
Liebt wieder naiv und unerfahren.

✿✿

Unglückliche Liebe! Was nennt man so?
Wenn Einer glücklich liebt und wird dabei nicht froh.

✿✿

Sie hält mich fest! Wer mag sich da entwinden?
Sind Rosenbande — allein sie binden.

✿✿

Gunst einer Frau — das köstlichste Geschenk!
Deß sei Du immer dankbar eingedenk,
Und was Du Gutes, Liebes je genossen,
Das halte fest in Deiner Brust verschlossen.

✿✿

Wenn wir uns lieben, was geht's Euch an?
Wollt uns nicht weiter plagen!
Und muß mich denn gleich Jedermann
„Wann ist die Hochzeit" fragen?

✿✿

Kaum daß man Zwei zusammen nennt,
So dringt man auf Vermählung!
Die Ehe ist ein Sakrament,
Kommt nach der letzten Ölung.

※※

Heirathe einen Engel — zu Hause
Gleich kommt der geflügelte in die Mause.

※※

Was hilft's, daß Großes Du Dich erkühnt?
Wem hält das Leben, was es verheißt?
So Mancher hat um Rahel gedient
Und wird mit Lea abgespeist.

※※

Das Rätsel geht mir im Kopf herum,
Die Lösung find' ich nicht so bald:
Werden die alten Leute dumm?
Oder werden die Dummen alt?

※※

Verstellt Euch Alle um die Wette,
Doch bricht's hervor mit Einem Male:
In jeder Frau steckt das Kokette,
In jedem Manne das Brutale.

1843.

Hoch Jugendblut und Jugendmut!
Da ist das Leben würzig;
Wofür sind Männer über sechzig gut,
Und Weiber über vierzig?

※※

Du trittst in's Leben verschämt und schüchtern,
Lebst weiter unverschämt und endest nüchtern.

※※

Im Handeln und im Pflichterfüllen
Geht Alles über einen Leisten:
Nur wenige thun das Gute im Stillen,
Das Böse die Meisten.

※※

Mit Cyankali hat's keine Eile,
Man kann auch sterben vor langer Weile,
Wie in der Provinz,
Zum Beispiel in Linz.

※※

Wie fangen wir's an?
Das sage mir Einer!
Lang leben will Jedermann,
Alt werden Keiner.

1844.

Sagt doch in's Himmels Namen,
Wo die Kritik Ihr sucht!
Es liegt die Frucht im Samen,
Der Samen in der Frucht.

❀❀

Bei „Ludwigs" dichterischem Flug
Was wetzt Ihr nur das kritische Messer?
Für einen König sind die Verse gut genug,
Ein Kaiser machte sie nicht besser.

❀❀

Was ist's nur mit dem Theater?
Es will ja nichts vom Fleck!
Thespis dem alten Vater
Steckt schier der Karren im —

❀❀

Die alten Schmöker halb verschimmelt,
Auch ein paar Klassiker arg verstümmelt,
Von Übersetzungen ein Strauß —
Das ist der ganze Geistesschmaus
Für's karg besetzte düstre Haus,
Und kommt ein neues Stück,
Flugs tödtet's die Kritik.

❀❀

Bücherdramen Zahl ist groß!
Zahmes deutsches Dichterroß,
In Manier des großen Briten
Wild romantisch zugeritten.

❦❦

Ein Pegasus ohne Zügel,
Und ohne Flügel.

❦❦

Nur Ein Bühnenherrscher ragt
Frisch empor und unverzagt,
Wie er keck die Muse packt,
Schreibt er täglich seinen Akt.

❦❦

Raupach arbeitet bei Tag und Nacht,
Hat viel in Hohenstaufen gemacht.

❦❦

Und in Berlin die Antigone
Und Sommernachtstraumgaukeln!
Die alten Kinder verspüren Lust,
Poetisch sich zu schaukeln.

❦❦

Der arme Grabbe, um zu existiren,
Mußte Komödien kopiren;
Bedauernswerth'res gab es nie,
Als so ein verkommendes Genie.

❦❦

Was hilft das redlichste Bestreben,
Wenn uns so Stoff als Form gebricht;
Ihr wollt ein Lustspiel nach dem Leben —
Ihr lebt ja nicht!

(November 1844.)

Nun gibt es Tantièmen —
S' ist, um sich todt zu grämen!
Denn wir verschleuderten uns're Waare
Um die erbärmlichsten Honorare.

1845.

Friedrich List in Wien gefeiert —
Ich auch hab' ihn angeleiert.

❀❀

Kopfschüttelnd begegnet man da und hie
Seiner Nationalökonomie.

❀❀

Ungarn will er kultiviren,
Deutsch das Land kolonisiren,
Und es großen Stils begaben
So mit hundert tausend Schwaben.

Doch in den Regierungskreisen
Lacht man dieser Schwärmerei,
Legt's dem Manne nahe bei,
Ohne Zögern heim zu reisen.

❀❀

Das liebe Ungarn wird, ich wette,
Ersticken in seinem eig'nen Fette:
Frucht in Fülle birgt sein Boden,
Aber ohne fleiß'ge Hände
Gibt die Erde keine Spende,
Und das mögt Ihr wohl beachten:
Ohne Straßen, ohne Bahnen
Läßt die Frucht sich nicht verfrachten.

❦❦

Auf der Pußta stolz und faul,
Trabt er hinter seinem Gaul,
Arbeit kommt ihm ungelegen,
Denn er kennt nicht ihren Segen.

❦❦

Was Dir einzig helfen kann:
Ungar, werd' ein self made man!

❦❦

Zwar Dein Adel steht Dir bei,
Doch er fühlt sich selbst nicht frei,
Vor der starren Bureaukratie
Beugt er noch sein stolzes Knie.
Aber schlägt der Freiheit Stunde,
Ungar, sei mit uns im Bunde
Frei, in allen Rechten gleich —
Ungarland, Teutsch=Österreich.
Der Czechen wollen wir uns erwehren,
Die Welschen können wir entbehren.

❦❦

(Schriftsteller-Petition.)

Endlicher und Jenull mit mir
Bei den Erzherzogen,
Mannhaft überreichten wir
Die ziemlich zahmen Bogen.

⁂

Rhetorisch kamen wir in Zug,
Die Hoheiten schienen befangen,
Nur Metternich war klug genug,
Uns gar nicht zu empfangen.*)

⁂

Censurerleichterung? Schwerenoth!
Das heißt in's Wasser geschlagen!
Preßfreiheit oder der Tod —
So sollten wir sagen.

⁂

Graf Kolowrat thut liberal,
Sedlnitzky rührt sich nicht einmal,
Ganz Wien macht Opposition
Und horcht dem Schlagwort „Constitution".

⁂

*) Die Petition war von allen Schriftstellern, auch Fach-
gelehrten Österreich's unterfertigt, wagte aber nur, auf gewisse
Censurerleichterungen anzutragen.

           Anmerkung des Autors vom Jahre 1885.

Die drei Gerontokraten,
Unsere Triumviren,
Erledigen fleißig ihre Akten
Und glauben, zu regieren.

❦❦

So treiben sie's denn weiter fort.
„Abwarten" ist ihr Losungswort.

❦❦

(April 1845.)

Das Athmen wird zu schwere
In dieser Atmosphäre,
Die Luft, sie wird zu dicke,
Fort, ich ersticke!

❦❦

(Auf der Reise.)

Trotz Glypto- und Pinakotheken,
Im Nachbarlande Baiern
Geht Alles schwer, wie bleiern,
Taugt nicht, mich aufzuwecken.

❦❦

Großer Deutscher Büsten kommen
Nach Walhalla's Ruhmeshalle,
Helden, Denker, Dichter alle —
Martin Luther ausgenommen!

❦❦

Sein Bibelübersetzen
Ist nicht genug zu schätzen,
Doch hat er der Kirche Schäden nicht geheilt,
Teutschland in zwei feindliche Lager getheilt.

✻✻

Im Elsaß fühlt' ich mich wie daheim,
Konnt' mich der Thränen kaum entbrechen,
Im Volk ist noch urdeutscher Keim,
Und rührend, wie sie schlecht französisch sprechen.

✻✻

(Paris.   Im Mai 1845.)

Hab' mich in Paris
Viel herum getrieben,
Im trikoloren Paradies
Fast gar nichts aufgeschrieben.

✻✻

Ich sah den Bürgerkönig,
Er bückte sich nicht wenig;
Das Volk, das souveräne,
Es schüttelte die Mähne.

✻✻

Im Tuileriengarten
Das Rauchen untersagt,
Was habt Ihr dummen Franzosen
Nur die Bourbons verjagt!

✻✻

Dieser König der Barrikaden
Benimmt sich wie Einer von Gottes Gnaden!

**

Thiers oder Guizot! So wählt er heut'
Den Zappligen, morgen den Starren,
Befriedigt wechselnd jede Partei
Und hält sie alle zum Narren.
Es regiert sich eine Weile bequem
Mit einem derlei Schaukelsystem.

**

Wer seine Schäfchen in's Trockne bringt,
Der Bourgeois ihm ein Loblied singt,
Doch vergiß nicht, König der Franzosen,
Den Thron verdankst Du den Ohnehosen..

**

Sie rührt sich und wächst mit jedem Tage
Die große sociale Frage.

**

Wie mit den Millionären
Die Bettler sich vermehren!

**

Doch klingt's auf der Straße in lauten Chören
Und keiner läßt sich die Laune stören.

**

Bei all dem lustigen Getreibe
Die „Gloire" sitzt ihnen tief im Leibe.

**

Vor den Grisetten verstopfe Du
Dein Ohr — und das Portemonnaie dazu.

**

In Paris herrscht allerwärts
Rauschendes Vergnügen,
Nur ein krankes Dichterherz
Pocht in schweren Zügen.

**

Soll ich ihn nennen? Heinrich Heine!
Er ist und bleibt der einzig Eine,
Sein mächt'ger Geist, des siechen Körpers Stütze,
Er macht noch Verse, er macht noch Witze.

**

Die „dicke Mathilde" versteht kein Wort
Von ihres Gatten Dichten,
Summt ein Chanson, fährt emsig fort,
Ihm Polster und Decken zu richten.

**

Wehmüthig lächelnd sieht er sie an
Mit seinem Blick, dem matten:
Ich war Dein Buhle, ich war Dein Mann,
Bin jetzt mein eigner Schatten!

**

Leb' wohl, Paris, wo mir so rasch
Die Tage dahin gebrauset!
Jetzt geht es nach der Normandie,
Wo Robert le diable gehauset.

❋❋

Von Havre nach Albion weiter gezogen
Auf den frisch flutenden Meereswogen.

❋❋

In London Juni 1845.

Ein Häusermeer, eine Menschenflut,
Daß man die Sinne kaum behält:
Eine muntere Weltstadt ist Paris,
London ist eine Welt.

❋❋

Potamische Welt mit ihren Binnenflüssen
Wird der thalassischen weichen müssen,
Die Meere beherrschest, stolzer Brite. Du:
So fällt die Herrschaft der Welt Dir zu.

❋❋

Die Themse, mit Schiffen übersät,
Eilt raschen Laufs in's Meer,
Auf unsrer stillen Donau geht
Zur Noth Ein Dampfer hin und her.

❋❋

Hier lebt man nur der Arbeit, dem Geschäfte,
Ein Jeder hat zwanzig Pferdekräfte.

✱✱

   Vorüber das Gebrause,
   Heut' fühl' ich mich wie zu Hause,
   Die Straßen leer, die Buden zu —
   Das ist die englische Sonntagsruh.

✱✱

   Alles Lärmen untersagt
   Kaum daß Einer laut zu niesen wagt.

✱✱

Norddeutsche und Briten, die Stammverwandten,
Sind ungeheure Ordnungspedanten.

✱✱

   Der englische Mob ist unvergleichbar,
   Dem deutschen Pöbel unerreichbar.

✱✱

   Die fingerfertigen englischen Diebe
   Bereisen den Continent mit Vorliebe.

✱✱

   Gegen alles Übel ein Volk geschützt,
   Das eine magna charta besitzt.

✱✱

Minister einer freien Nation,
Lord Palmerston!
Ihm gegenüber wie fühlst Du Dich,
Armer Fürst Metternich!

❧❧

England, frei und selbstbewußt,
Deine Größe drückt mich nieder:
Bitt'res Wehe in der Brust,
Kehr' ich nach der Heimat wieder.*)

❧❧

(Am Rhein. Juli 1845.)

Auf deutschem Boden wiederum!
Ich wanke und schwanke sehr,
London und das Meer
Geh'n mir im Kopf herum.

❧❧

(In Bonn.)

Ein Abschiedsmal mit Kinkel und Genossen.
Wir fühlten uns Alle so jung, so jung,
Und hätten schier in Begeisterung
Die Republik beschlossen.

❧❧

---

*) Der geneigte Leser halte sich vor Augen, daß dieser und ähnliche Stoßseufzer des politisch ungeschulten Autors aus der Zeit vor 1848 herrühren.

Anmerkung des Autors vom Jahr 1885.

(In Frankfurt am Main.)

Hier lebt mit Weib und Kind und schafft
Freund Moriz in frischer Künstlerkraft;
Hört man den Namen Schwind im Reich erklingen,
Wird er zuletzt doch auch nach Östreich dringen.

❈❈

Was unser Schubert in Tönen,
Schwind der Romantiker bringt's in Bildern.
Dank diesen Spendern des Schönen
In Zeiten, die auch in der Kunst verwildern.

❈❈

Wer aus Paris und London kommt,
Fühlt hier sich etwas peinlich,
Die guten Leute sind
Gar zu hausbacken und kleinlich.

❈❈

In Würtemberg und Baden
Fand ich die Leute scharf geladen,
Mit Hecker hatt' ich manchen Strauß,
Er sprach sich gegen die Wiener aus.

Ich aber bot ihm Trutz,
Nahm meine Landsleute in Schutz,
Doch sträubt' ich mich nicht eben,
Fürst Metternich preis zu geben.

❈❈

Drei Monat in Freiheit zugebracht,
Von keinem Spitzel überwacht!

**

(Wien.   August 1845.)

Wie ich im Staub und Sonnenbrand
Mühsam dahin mich schleppe,
Ein zappelnder Fisch im dürren Sand,
Der Graben erscheint mir wie eine Steppe.

**

Und was das Allerschlimmste ist:
Muß dienen als Lottokoncipist!

**

Doch spukt zu meinem Gaudium
Ein Lustspiel mir im Kopf herum,
Ich geh' zum Zeitvertreibe
Dem lächerlichen System zu Leibe.

1846.

Freund Dobblhoff theilt mit mir
Im Ständehaus sein Freiquartier,
Bald stellten sich werthe Gäste ein,
Von Gleichgesinnten ein Verein,
Wir konnten für eine Gesellschaft gelten;
Einer „hohen Dame" beliebt es, uns
Den „Jakobinerklub" zu schelten.*)

❦❦

Es rührt sich in Pest, in Prag, in Mailand,
Wien ist ein scheinbar stilles Eiland,
Allein in Häusern, wie in Schenken
Da reden die Leute frank und frei
Und schweigend hört's die Polizei —
Das gibt zu denken!

❦❦

*) Den n. ö. Ständen wurde ihr Lesezimmer geschlossen.
Der ständische Abgeordnete, Baron Dobblhoff, eröffnete seinen
Collegen unsre bequemen Räume, und Graf Breuner, Baron
Stifft, Graf Leo Thun und andere Ständemitglieder fanden
sich bei uns zu geselligen Abenden zusammen. Auch meine
Freunde, wie Alexander Bach, Ernst Feuchtersleben,
Theodor Hornbostel traten bei, sogar der einsiedlerische
Grillparzer fand sich ab und zu ein. Die Unterhaltung war mit-
unter bedeutend und, wie begreiflich, nicht ohne politische Färbung.
Anmerkung des Autors vom Jahre 1885.

Magst Du Dich brüsten
Wie's immer sei,
Mit allen Listen
Komm' ich Dir bei,
Du schlauer Drache, Cenſur,
Ich täuſche Dich, warte nur!

❦❦

Die giftige Pille in Deinem Rachen
Soll Dir, ich hoff's, Bauchgrimmen machen.

❦❦

(November 1846.)

Ich rieb es ihnen unter die Naſe!
Wie konnt' ich's wagen?
„Großjährig" mit ſeinem „Blaſe"
Hat eingeſchlagen.

❦❦

In der Not gebraucht man jedes Vehikel,
Und wenn kein Luſtſpiel, gibt's einen Leitartikel.

❦❦

Die Bauern erſchlugen den Adel
In der letzten galiziſchen Phaſe
Und fanden keinen Tadel,
Denn dort regierte der „Blaſe".

1847.

Das ist das heit're Schlaraffenland,
Das Reich der Philisterinnung,
Da fragt nach Geist und Talent Niemand,
Man verlangt nur gute Gesinnung.

❧❧

Kümmert sie Oesterreichs Neugestaltung?
Wiener Schlagwort: Unterhaltung!
„Soll Jeder ein Genie sein?"
Doch mußt Du darum ein Vieh sein?

❧❧

Das Gegenwärtige
Ist das Widerwärtige,
Und das Zukünftige
Ist selten das Vernünftige.

❧❧

Der Schwan schwimmt auf dem Teich
Majestätisch, in vollem Glanz,
Doch watschelt er auf dem Boden,
Ist's eine größere Gans.

❧❧

Leben und leben lassen!
Ein gutes Wort, nur sieht's nicht Jeder ein;
Der hungernde Bettler auf den Gassen
Sollt' jedem Satten ein Vorwurf sein.

❧❧

Beifallsjubel, Frauenhuld
Ist vorbei, das ganze Treiben,
Und so lernt man, Ungeduld
In der größten Ruhe schreiben.

❧❧

Ich bin am Ende des Zieles,
Was hab' ich nur erstrebt?
Man überlebt so Vieles
Und hat so wenig erlebt.

❧❧

Was helfen Wunderkinder?
Aus Kälbern werden Rinder,
Aus Wunderkindern Feen,
Aus Feen werden Hexen.

❧❧

Geselligkeit, was will's bedeuten?
Nichts als Ennui mit vielen Leuten

❧❧

Was nützt das Geologenwesen?
Natur und Schöpfung bleibt versteckt:
Hilft der das letzte Räthsel lösen,
Der neue Räthsel nur entdeckt?

❧❧

Das unvernünftige Thier bringt nie sich selber um,
Selbstmord ist Menschenprivilegium.

⁂

Ich hab's berechnet, Ihr könnt es dann
Statistisch benützen:
In Deutschland kommen auf Einen Mann
Zweihundert Schlafmützen.

⁂

Es bringt wie frische Luft herein,
Der Lenz im Herbst zu spüren,
Und selber im Gewerbverein
Da fängt sich's an zu rühren.

⁂

Von Westen her ein Gähren und Brausen
Verkündet Euch den hellen Tag;
Hört Ihr's durch die Lüfte sausen?
Es ist der Freiheit Flügelschlag!

⁂

Vergebens Eure schwarzgelben Schranken!
Sie hemmen nicht den zündenden Gedanken.

Dritte Abtheilung.

Von 1848 bis 1860.

Januar 1848.

Ich seh' beim Schlafengeh'n wie beim Erwachen
Den Polizeimann an derselben Ecke,
So bleiben hier die Sachen
Stets auf dem alten Flecke.

✿✿

Hoffnungsfroh leg' ich mich nieder,
Dumpfen Sinns erwach' ich wieder.

✿✿

Februar.

Doch jeder Tag bringt neue Kunde,
Es naht die verhängnißvolle Stunde.

✿✿

Ein großer Augenblick!
Frankreich ist Republik,
Und in der Freiheit lodernden Flammen
Bricht die alte Welt zusammen.

✿✿

März.

Das Blatt, es ist in Aller Händen,
So oder so, es muß sich wenden.*)

❉❉

Die zahme ständische Opposition
Bekam das Übergewicht,
Die Herren machten Revolution
Und wußtens nicht.

❉❉

13. März. N. ö. Landtag.

Jacta est alea!
Feurige Reden erschallen,
Flintenschüsse knallen,
Die ersten Freiheitsopfer sind gefallen!
Die Jugend voran, nun gilt kein Weichen,
Wir müssen's erreichen!

❉❉

14. März.

Gelähmt ist die Regierungsmaschine,
Die Garnison besetzt die Burg mit ernster Miene.

❉❉

*) Ein Schriftstück von Ständemitgliedern, Staatsbeamten Professoren, Schriftstellern, auch angesehenen Bürgern unterfertigt, worin Constitution und Preßfreiheit verlangt wird, wurde in Tausenden von Kopien durch ganz Wien vertheilt und mit zahllosen zustimmenden Unterschriften versehen. Die Behörden verhielten sich dabei abwartend und ohne irgendwie hemmend einzugreifen. Anmerkung des Autors vom Jahre 1885.

15. März.

Die hellen Haufen
Sie kommen gelaufen,
Volksredner hetzen
Auf allen Plätzen;
Die Massen ballen sich schwer und dicht,
Belagerungszustand schreckt sie nicht.

❦❦

In der Hofburg.

Ich fand die Minister und Excellenzen,
Sie hielten unschlüssige Conferenzen,
Ich schilderte ihnen der Dinge Stand,
Wie Alles käme aus Rand und Band —
„Abwarten", hieß es, vor allen Dingen,
Da die Hoheiten eben speisen gingen.

❦❦

Unmuthig rief ich: Wer denkt jetzt an's Essen? —
Sie mahnten mich, den Respekt nicht zu vergessen.

❦❦

Ein guter Magen
Kann viel vertragen!
Allein in diesen Tagen
Den Appetit nicht zu verlieren —
Man kann nur gratuliren.

❦❦

Und hätten sie den grausen Mut,
Das Ungeheure zu beschließen,
Ein mildes Wort, es hemmt der Räthe Wut:
„Ich lass' auf mein Volk nicht schießen".*)

☙

Und zürnendes Schweigen von oben her,
Von unten ein Grollen dumpf und schwer,
Es war in dieser Stunde
Als ginge die Welt zu Grunde.

☙

Das lösende Wort ist ausgesprochen,
Ich fühlte mein Herz laut pochen,
Bin dann in Thränen ausgebrochen.

☙

16. März.

Wie träumend schreit' ich durch die Gassen,
Mir wird ums Herz so voll, so weich!
Ein freies Österreich!
Wie kann ich's fassen?

☙

*) Kaiser Ferdinand soll diese Worte gesprochen haben. Man glaubte allgemein daran. Die Wiener trauten den naiv-milden Ausspruch dem guten Herzen des Kaisers zu.
                    Anmerkung des Autors vom Jahre 1885.

17. und 18. März u. s. w.

Die bunten Mengen
Wie sie sich drängen,
Im jubelnden Lärmen
Durch die Straßen schwärmen,
Als freie Bürger treu verbunden!
Die Polizei ist wie verschwunden.

❦❦

Das Lärmen und Toben ist ungefährlich,
Doch sagen wir's ehrlich:
In der uralten Monarchie
Herrscht eine gemüthliche Anarchie.

❦❦

Fürst Metternich ist abgethan,
So fangt ein neues Leben an!
Doch steckt den Braven, Biedern
Der Metternichismus noch in allen Gliedern.

❦❦

Diogenes spät mit der Leuchte herum
Nach einem Ministerium.

❦❦

machen sich viel zu schaffen,
wählen sie sich die Waffen,
hrem Geleite,
seln ihnen zur Seite.

❦❦

Flugblätter flattern durch die Luft in Massen,
Zeitungsausrufer in allen Gassen!

❦❦

Die neue Preß' ist frisch und keck,
Gleich einem jungen Füllen,
Und keinen Schaden und keinen Fleck
Beliebt's ihr zu verhüllen.

❦❦

Die Rückwärtszieher, die Vorwärtsdränger,
Ein Balanciren — so geht's nicht länger!

❦❦

Im kleinen Haushalt, wie in Staat und Land,
Zu Allem braucht's eine feste Hand.

❦❦

In der Krankheit.*)

Manches möcht' ich noch vollbringen
In der neuen Freiheit Licht —
Decke mich mit Deinem Schwingen
Jetzt, Du starker Tod, noch nicht!

❦❦

*) Die Aufregung der Märztage, meine Theilnahme an den
Ereignissen im Leseverein u. s. w. hatten mich auf das Kranken=
lager geworfen, mir eine heftige Gehirnhautentzündung zugezogen.
Ich lag mehrere Tage durch zwischen Leben und Tod. Halb
genesen, war ich nicht im Stande, die Wahl in das Frankfurter=
Vorparlament anzunehmen, die auf Kuranda, Schuselka,
Anton Auersperg (Anastasius Grün) und mich gefallen
war. Endlicher ging statt meiner. Ich hielt mich seitdem

Mai.

Garde und Legionär
Stolziert in Uniform einher,
Vollbärtig und bebändert,
Wie hat sich der Wiener verändert!
Treibt sich in Politik herum —
Theater, sonst sein Gaudium,
Weist nichts als leere Bänke,
Voll ist nur jede Schänke.

**

Zutrunk und Gruß und Erwiderung
Und allgemeine Verbrüderung!

**

Mit meinen Freunden, neuen wie alten,
Ist's länger nicht mehr auszuhalten!
Schwarzgelb die Einen, die Andern radikal,
Sind sie sich Gegner mit Einem Mal.

**

Ein neues Spektakel! Ihr seid geladen!
Spaziergang über Barrikaden.

**

allem politischen Treiben ferne — vielleicht zu meinem Glück. —
Auf Anrathen meiner Aerzte verließ ich das aufgeregte und auf=
regende Wien bereits im April, begab mich für ein paar Wochen
nach Graz, zu einer mir befreundeten Familie, besuchte späterhin
Castelli in Lilienfeld und kehrte erst in der zweiten Hälfte des
Mai nach Wien zurück. Den Sommer brachte ich meist in Baden
zu und kam nur zeitweise nach der Residenz.

Anmerkung des Autors vom Jahre 1885.

Das Ministerium Pillersdorf gefallen!
Es herrscht urdemokratisches überwallen.
    Alles gebilligt,
    Alles bewilligt!
Hora ruit! Die Stunde rennt,
Die Stunde brennt,
Dobblhof Ministerpräsident!

❦❦

Der Reichsverweser ist von Wien geschieden,
Quasi re bene gesta,
Alles scheint zufrieden,
Kurze politische siesta.

❦❦

In Baden Juni, Juli u. s. w.

Ging mit Grillparzer spazieren,
Wir geriethen in's Politisiren
Und Disputiren.
Unfruchtbar ein Streiten zu jeder Frist,
Wenn man in thesi nicht Einer Meinung ist.

❦❦

Dein Oesterreicherthum in Ehren,
Ich will mich nicht dagegen erklären,
Doch schlimm, wenn ein deutscher Poet vergißt,
Daß deutsches Blut in seinen Adern fließt.

❦❦

Soll sich das Oesterreich neu gestalten,
Geschieht's nur unter der Freiheit Walten,
Und deutsche Führer bedarfs zu Helfern,
Wo Polen züngeln und Czechen belfern.

**

Der Welschen wären wir nicht ungern los,
Man meint, sie sollten frei sich kaufen —
Das liegt noch in der Zukunft Schooß!
Wer weiß, man läßt sie gratis laufen.*)

**

„Für's Volk, nicht durch das Volk" — Und trotz
                dem Volke! Sei's!
Drum seid auf Volkes Wohl bedacht,
Und wenn Ihr es zufrieden macht,
So wird Euch Ehr' und Preis!

**

Was ist das: Constitution?
Sagt mir das keiner? —
Je nun, man setzt Dich auf den Thron
Und regiert statt Deiner.

**

*) Ich hatte eine Schrift von angesehenen Wiener Kaufleuten
in Händen, worin darauf angetragen wurde, Venedig und die
Lombardei für so und so viel Millionen Lire frei zu geben.
                Anmerkung des Autors vom Jahre 1885.

6*

So lange der große Staatsmann regierte,
So lange waren die guten Zeiten;
So lang die guten Zeiten waren,
So lang regierte der große Staatsmann.

❦❦

Ein politischer Kopf im Umwenden
Richtet sich nach den Umständen;
Noch mehr den Andern bewund're ich:
Richtet die Umstände flugs nach sich.

❦❦

„Österreich ist eine Notwendigkeit!"
So hör' ich rufen beständig,
Doch Alles wechselt mit der Zeit,
Man bleibt nicht immer notwendig.

❦❦

Weiß nicht, was Du verlangst,
Es treibt sie das Geschick,
Sie laufen davon aus Angst
Und kommen aus Furcht zurück.

❦❦

Euch wundert's, wenn ein Reich erlischt!
Wie Ihr die Elemente mischt,
Die nicht zusammen gehören,
Sie werden sich schließlich selber zerstören.

❦❦

Gar lange währt's mit diesem Staate nicht,
Hat schon das hippokratische Gesicht.

٭٭

Der viel geschmähten Aula mögt Ihr's danken!
Rathlos Ihr selbst — sie hält die Massen noch in Schranken.

٭٭

Wien im Oktober.

Ist's denn möglich, immer stehen,
Bester, auf den Barrikaden?
Immer mit der Fahne wehen,
Immer schießen, wieder laden?

٭٭

Ihr seid die Klugen, mögt für uns
Erwägen und beschließen
Und daß wir Andern doch auch was thun,
Wir lassen uns erschießen.

٭٭

Ihr habt Euch, liebe Leute, verrannt,
Die Schiffe zur Rückfahrt sind verbrannt.

٭٭

Ein Garde.

Süß um der Freiheit Preis
Für's Vaterland zu sterben — sei's!
Doch feiert Ihr in Zukunft Freiheitsfeste,
Gern wär' ich Einer der frohen Gäste.

٭٭

November.

Du armes Wien, wie bist Du umgewandelt!
Wirst als eroberte Stadt behandelt!
Die Wiener haben sich übernommen,
Der Freiheit Zaubertrank hat ihnen schlecht bekommen.

❧❧

Belagerungszustand unser Hort,
Angeber führen das große Wort;
Man will auf Alles verzichten
Entgeht man nur den Militärgerichten.

❧❧

Die deutschen Kokarden auf Hüten und Röcken
Es gilt, sie eilig zu verstecken,
Verschwindet auch nicht minder
Der deutsche Hut vor dem Cylinder.

❧❧

Wachfeuer nächtens auf allen Plätzen,
Nach Legionären ein Jagen und Hetzen,
Einguldenzettel getheilt in Stücke viere,
Mit Silbergulden prunken die Offiziere.

❧❧

Diese Seressaner und Panduren,
Woher nur ihre goldenen Uhren?
Im Stadtgraben Schüsse knallen,
Messenhauser und Blum sie sind gefallen!

1849.

In Frankfurt tagten die besten Männer,
Der alten und neuen Geschichte Kenner,
Manch treffend Wort ist da erklungen,
Sie sprachen wie mit feurigen Zungen,
Als wäre der heilige Geist erschienen —
Das deutsche Volk stand hinter ihnen!

❦❦

Ein neues Deutschland glaubten sie zu gründen,
Doch wie mit dem alten sich abzufinden?

❦❦

Die Fürsten ließen sie still gewähren,
Man müsse die braven Leute schonen,
Was schaden die Reden, die revolutionären?
Sie haben kein Geld und keine Legionen.

❦❦

So wurden die Tage, die langen Wochen
Grundrechte eifrig durchgesprochen.

❦❦

„Was ist des Deutschen Vaterland"? —
Durch Singen bringt Ihr's nicht zu Stand,
Drauf kommt's an — wollt Ihr's denn nicht begreifen?
Nicht wie Ihr singt, nur wie die Andern pfeifen!

❦

Die Sache ging verloren
In allem Anfang gleich,
In Deutschland durch die Professoren
Durch die Studenten in Österreich.

❦

Nur politisch leeres Stroh
Dieses ganze Wortgezerre!
Gagern war kein Mirabeau,
Robert Blum kein Robespierre.

❦

Sie machten einen deutschen Kaiser,
Der sich in Gagern's Tintenfasse fand,
Der Preußenkönig, der war weiser,
Er nahm die Krone nicht aus Volkes Hand.

❦

Die Sach' zerfiel in Zänkerei'n,
Es hat nicht anders kommen können,
Deutscher Kaiser will keiner sein
Will's keiner auch dem Andern gönnen.

❦

Ob ein einig Deutschland wird?
Ja, wer kennt der Dinge Lauf?
Aber tausend Jahre schon
Warten wir darauf!

❦❦

Da habt Ihr's nun: Rumpfparlament!
Wie's ohne Kopf auch anders kommen könnt!

❦❦

Aus Kremsier.

Sie schaffen den alten Adel ab,
Wie sie sich drüber freuen,
Allein die Leute warten schon,
Macht hurtig einen neuen!

❦❦

Altliberal gilt jetzt als Tadel,
Beläufig wie alter Adel.

1850.

Von meinen Freunden und Genossen
War eines Manchen Schicksal düster,
Denn dieser und jener ward erschossen,
Und Andre wurden gar Minister.*)

⁂

Wer seine eig'nen Länder bekriegt,
Darf der sich freuen, selbst wenn er siegt?

⁂

Viktoria, die Ungarn sind bezwungen,
Mit fremder Beihilfe ist's gelungen!

⁂

Es läuft mir eiskalt über den Rücken,
Seh' ich Einen dem Bären die Tatzen drücken.

⁂

*) Mein Mitarbeiter an der Übersetzung von Boz-Dickens
Werken, der musikalische Alfred Becher, wurde im November
1848 zu Pulver und Blei begnadigt. Minister von meinen
Freunden waren: Doblhoff, Hornbostel, Bach, Schmer-
ling, später Berger, zuletzt Unger.

Anmerkung des Autors vom Jahre 1885.

1851.

Ich bin geboren im deutschen Wien
Und weiß nicht, ob ich ein Deutscher bin.*)

✻✻

Es zagt und lauscht die Welt und schweigt
Bei großer Herren übler Laune,
Die Rente fällt, das Agio steigt,
Und Kriegsartikel stoßen in die Posaune!

✻✻

Unheimlich braust es in den Lüsten,
Da kann die Presse viel Unheil stiften.

✻✻

— —

*) In dem Lustspiel: „Der kategorische Imperativ" wurde mir
die Stelle: „Wien ist eine deutsche Stadt", von der Censur gestrichen,
So geschehen im Jahre 1851. Das wirft frühzeitig ein merk-
würdiges Licht auf die gegenwärtig herrschende politische Strömung.
Anmerkung des Autors vom Jahre 1885.

Wenn sich zwei Brüder nicht vertragen,
Da ist wohl Manches hohl und faul,
So nehmt Euch in Gottes Namen beim Kragen,
Aber haltet um Gottes willen das Maul!

***

Es ist so weit von hier nach Berlin,
Beiläufig wie von dort nach Wien,
So wollt uns länger nicht vexiren,
Da's Keinem Ernst ist, zu marschieren.

***

Die Zeiten werden immer trüber,
In Paris geht's drunter und drüber!

***

Prinz Präsident! Verfluchter Titel!
Er fordert Geld. Verweigert ihm die Mittel!

***

Ich weiß nicht, was draus werden wollte,
Wenn dieser gar noch Kaiser werden sollte.

***

Journalisten, rüstet Euch,
Patrioten, steht zusammen,
Sinnt er einen Schelmenstreich,
Stürzt ihn in die Freiheitsflammen!

1852.

1. Januar.

Und werden die Tage auch trüb und trüber,
Frisch aus dem Bett mit raschem Sprung,
Als Fünfziger! Die Jugend ist vorüber
Doch fühl' ich mich dabei noch ziemlich jung.

Da gilt es denn bei Zeiten,
Auf's Alter sich vorbereiten.

Wie's in unserm Alter noch gährt und braust,
Es läßt uns keine Ruh.
Ein Jeder von uns ist ein kleiner Faust,
Und etwas Mephisto dazu.

November-„Krisen".

Das Lustspiel hat so Akt für Akt
Die Frauenwelt gerührt, gepackt,
Die Männer aber gestanden offen,
Sie fühlten sich zu sehr getroffen.

Ein Gratuliren und ein Lobpreisen,
Ein Jubel in allen Theaterkreisen,
Wenn so ein Stück zur Not gelingt,
Wie ein Mädchen, das an Mann sich bringt.

* *

Theaterproben unterdessen
Sie ließen mich der Politik vergessen.

* *

Wie sie die französische Luft durchwehen
Die napoleonischen Ideen.

* *

Dezember.

Abenteurer und Spieler haben
Die Freiheit in Paris begraben.

* *

Seht, wie sie einander auf's Haar sich gleichen
Staatsstreiche mit andern Gaunerstreichen!

* *

Kronenräuber, da ist noch Größe!
Kronendieb steht da in seiner Blöße.

* *

Hat er die Herrschaft auch gestohlen,
Der Schlaukopf wird die Schwachköpfe überholen.

* *

Der Afterkaiser, geht das so fort,
Führt in Europa das Entscheidungswort.

Was thut er mit seinen Gegnern zunächst,
Er schickt sie dahin, wo der Pfeffer wächst.

Wie sie in hohen und höchsten Kreisen
Den „Retter der Gesellschaft" preisen!

Titus der Gütige,
Nero der Wüthige,
Karl der Einfältige..
Jedem pariren sie!
Jedem hofiren sie,
Der sie bewältige!

1853.

Der Kaiserjubel, daß er sich nicht wende,
Mit europäischem Katzenjammer ende!

**

Die Fürsten flüstern unter einander.
Ein Roturier sitzt auf dem Thron,
Das kann uns nützen,
Denn uns're gold'nen Sessel wanken schon,
Er kann sie stützen!

**

Er sucht sich eine Kaiserin
Und schielt nach Euren Prinzessen,
Wie ist der Mann vermessen!
Doch zögert Ihr — die schöne Spanierin
Wählt er indessen.

1854.

In Wien ein großer Trubel,
Aktien= und Börsenjubel!
Consortien bringen einander näher
Den Fürsten und Grafen und Hebräer.

✻✻

Kleinbürger spekulirt, der Literat, der Gelehrte,
Sie kaufen Aktien nach eingebildetem Werthe,
Bis daß das Papier zuletzt ins Bodenlose fällt,
Der Börsianer dann bezahlt mit Fersengeld.

✻✻

Eine Schaar von Gründern und Strebern
Schwelgt in Fasanen und Gänselebern.

✻✻

Hoch oben auf der letzten Gallerie,
Doch über ein Kurzes oder Langes
Florirt der Börse pfiffiges Genie
Und sitzt in einer Loge ersten Ranges

✻✻

Und sonder Arbeit und Beschwer
Der Lump von gestern heute Millionär.

Mach Dich von allen Geschäften frei!
Gewinn im Spiel ist das Kolumbusei.

Crédit mobilier in Paris
Versetzt uns in's neue Paradies;
Der jüngste falsche Kaiserplunder
Thut diese Wunder!

1855.

Man hört keinen tüchtigen Namen nennen,
Seit Alle sich in Vereine trennen.

❋❋

Einem Freunde in's Album.

In der Provinz mit trautem Weibe
Gehörst nicht unter die Verlornen,
Nur halte sorgsam Dir vom Leibe,
Die Fremden — wie die Eingebornen.

❋❋

Einem Andern.

Schließ Dich ab, das rath ich sehr
Und habe weitern Umgangs kein Begehr
Als nur mit Deinen Freunden, Deinen Lieben.
Du triffst im großen Weltverkehr
Zusammen oft mit ungehängten Dieben.

1856.

„Ein großer Denker!" — Freund, nur sacht!
Die Andern haben ihm vorgedacht.

❄❄

Die Leute schwatzen jeden Tag,
Schier daß man sich verwundern mag,
S'ist nicht gehauen, und nicht gestochen,
Sie meinen, sie hätten sich ausgesprochen.

❄❄

Ausgestrebt
Ist ausgelebt.
Heiß begehrt
Rasch verzehrt.

❄❄

Wie sie genau sich gegenseitig kennen,
Wenn sie einander Egoisten nennen!

❄❄

Es ist ein Mühsal, nicht zu sagen,
Sich selbst und die Andern zu ertragen.

1857.

Man hat sich selber nichts zu sagen
In diesen reaktionären Tagen.

1858.

Das alte Österreich ist verschwunden,
Das neue noch nicht aufgefunden.

⁂

Wie lange wird dilettirt, versucht!
Die Weltgeschichte hat's gebucht.

⁂

Seit Jahren tragen wir mit Geduld
Die großen Schulden, die große Schuld.

1859.

Es sendet uns seinen Neujahrsgruß,
Der Imperator mit dem Pferdefuß.

❦❦

Des Mailand sind wir ledig,
Wohl bald auch des Venedig.

❦❦

Wie sich der kleine Räuber bläht,
Wenn ihm ein großer zur Seite steht,
So schwingt sich Piemont in die Höh'
Und prahlt: „Italia farà da se."

❦❦

Schillerfest.

Fackelzug zur Noth, in Hast,
Ängstliche Gesichter,
Halb gezwungen, ungern fast
Feiern sie den Dichter.

❦❦

Daß das Fest nicht ganz erlahme,
Fallen Reden — aber zahme,
Nichts als Phrasen viel verbrauchte,
Bureaukratisch angehauchte.

❦❦

So sagts heraus, Ihr Superklugen,
Das offenkundige Geheimniß:
Der Staat ist aus den Fugen,
Helft retten ohne Säumniß!

Verstärkter Reichsrath.

Es flutet in allen Gassen und Gossen,
Was ist da für Unrath zusammen geflossen!

Das neue Statut, wer mag es loben?
Landtage siebzehn an der Zahl!
Wie soll sie sich erproben,
Die siebzehnfache Zersetzungsqual!

Vierte Abtheilung.

Von 1860 bis 1880.

1860.

„Gewalt geht über Recht!" — Da lehrſt Du Schlechtes!
Die Macht ſei die Verwirklichung des Rechtes.

❦❦

Arbeiterunruhen und ſo weiter,
Demonſtrationen der Nicht=Arbeiter.

❦❦

Eine nette Phraſe: „Den Tag umbringen!"
Den Tagedieben wird's gelingen.

❦❦

Was predigt Ihr den Wilden!
Thut noth, erſt die Gebildeten zu bilden.

1861.

Die Ungarn sind zur Freiheit wie erloren,
Darum politisch kaum zu überwinden,
Und haben sie, wie's heißt, ihr Recht verloren,
Sie werden's wieder finden.

1862.

Wie sich die Schlangen häuten,
So geht's mit den politischen Leuten,
Die Absolutisten verwandeln sich schnell
Und werden par ordre constitutionell.

Sie sitzen im neuen Reichsrath früh und spät
Und stimmen — nach Opportunität.

Man lädt die Ungarn mit artigen Mienen,
Sich ihres Rechts im Reichsrath zu bedienen,
Sie aber machen ein schlaues Gesicht
Und schütteln die Köpfe: Wir kommen nicht!

Und mit den Böhmen desgleichen,
Sie lassen sich nicht erweichen.

„Wir können warten." Ein treffend Wort!
Klingt aus Alt-Österreich so fort.

1863.

In Frankfurt, wo das Volk getagt,
Ein Fürstentag ward angesagt,
So viele der Herren nur erschienen —
Der Graf von Zollern nicht mit ihnen.

❦❦

Wenn zwei sich um die Herrschaft streiten,
Bald ruht der Kampf, bald ist er neu entglommen,
Und wie sie laviren auf beiden Seiten,
Es muß zuletzt zum Bruche kommen.

❦❦

Wir Österreicher, ich fürchte sehr,
Wir gelten nicht als Deutsche mehr.

❦❦

Ward Polen einst getheilt,
Das Polenwesen ist nicht geheilt,
Bleibt in drei mächtigen Reichen
Ein Krebsschaden sonder gleichen.

❦❦

Wenn Ihr den Polen schmeichelt,
Wird Euch Ergebung geheuchelt,
Und weist Ihr ihnen die Zähne,
So bäumt sich ihre Mähne.

✲✲

Edle Polin zweifelsohne
Träumt von einer Königskrone:
Sie machen Euch und ihren Männern Verdruß,
Diese Königinnen in partibus.

✲✲

Gäb's keine Franzosen und keine Polen,
Europa stünde auf festen Sohlen.

✲✲

Dort über'm Rhein ein ewig Gähren,
Ihr Deutschen, seht Euch um und um,
Laßt diesen Louis nicht länger gewähren,
Ein Kreuzzug gegen das Kaiserthum;
Mag zerfallen in Asch' und Zunder
Dieser falsche Kaiserplunder!

1864.

Allüberall kommt sie zu Tage,
Die Nationalitätenfrage.

∗∗

Enge Hosen, dicht beschnüret
Und dasselbe Hemd beständig,
Dicker Schafpelz, d'rin sich's rühret,
Nationales wird lebendig

∗∗

Der Roßhirt, der nur die Pußta kennt,
Mit Stolz sich einen Ungar nennt.

∗∗

Deutsch-Österreicher, im Verband
Mit Czechen und mit Polen,
Bekennt zum Deutschen Vaterland
Sich insgeheim, verstohlen.

1865.

Organisation! Ward viel davon gesprochen,
Doch leider wenig nur gethan,
Man hat die Frucht vom Baum gebrochen
Und meint naiv, sie wachse wieder an.

⁂

Wie ist der Aktenwald so dicht!
Man sieht den Staat vor Gesetzen nicht.

⁂

Was hilft der Schlendrian? Ergreift den Augenblick!
Trägheit war stets die schlimmste Politik.

⁂

Und wenn der Nachbar zugreifend ist,
Gieb nach, wenn Du ihm nicht gewachsen bist.

⁂

Was hilft's, auf alte Normen sich zu steifen?
Die Überraschung siegt, das ist die neu'ste Lehre.
Wenn ich Minister jetzt des Äußern wäre,
Ich dächte d'rum sogleich zum Äußersten zu greifen.

1866.

Ein kurzer Krieg, ein rascher Frieden!
Von Deutschland sind wir nun geschieden.

❦❦

Es unterlag die tapferste Armee
Im Kampf um eine Idee.

❦❦

Von „Intelligenz" hört man so viel jetzt reden,
Ich glaub', sie wollen nachträglich jedweden
Feldwebel genau examiniren,
Ob er im Stand ist, ein Heer zu führen.

❦❦

Mit „rechts um," „links um," bemerkt man schon,
Siegten sie nicht bei Marathon.

❦❦

Krieg führen ist eine leichte Sach;
Man verfolge nur
Des Julius Cäsar Spur,
Thu's ihm und Buonoparte nach.

❦❦

Und zu des Thrones Stufen,
Aus Dresden wohl empfohlen,
Der Mann aus Sachsen ward berufen,
Die Kastanien aus dem Feuer zu holen.

❦❦

„Ausgleich mit Ungarn" das Losungswort,
Der „Dualismus" der letzte Hort.

❦❦

Ich hab' es immer bewundert:
Das Faß, das morsche alte,
Es war schon leck vor einem Jahrhundert,
Jetzt sucht man erst den Reif, der es zusammen halte.

❦❦

Ein neues „divide"! Indessen
Han sie das „impera" vergessen.

1867.

Ungar spricht:

„Reichsministerium,
Wir wollen's dulden,
Uns das Imperium,
Ihr zahlt die Schulden.
Keine Steuern, Tabakbau frei,
Und Gratissalz dabei,
Eine eigne Armee
Versteht sich per se,
Und Theilung aller Einnahmen dazu,
Darauf besteh' ich jetzt, laßt mich in Ruh."

※

So ist's vorbei,
Es riß entzwei,
Erst waren wir Eins,
Nun sind wir zwei,
Vielleicht auch drei
Und Vielerlei!
Und Eins ist Eins,
Und zwei ist keins,
Das ist das Hexen-Einmaleins!

※

Ein neues Anleh'n? Ist's denn wahr?
„Gewiß! Nur wer uns leiht, ist noch nicht klar!

1868.

Nachgeben wollte kein's,
Ward hin und her geboten,
So mit Percenten und Quoten,
Zuletzt doch wurden sie Ein's.

☙☙

Eljen! Und wenn zehn Jahre verstrichen,
Wird auf's Neue ausgeglichen.

☙☙

Der neuen Zeit war's vorbehalten,
Einen Staat auf Kündigung zu gestalten.

☙☙

Und wie Ihr auch dafür entbrennt,
Genug des politischen Eiertanzes:
Zwei Hälften getrennt
Sie sind kein Ganzes.

☙☙

Vorüber die Zeit von Belcredi und Larisch,
Jetzt sind wir wieder parlamentarisch.

☙☙

Homines novi.

Hasner, Berger, Brestel,
Bürgerminister, seid bedacht,
Rings ist dicker Nebel,
Nehmt vor Hofluft Euch in acht
Und vor Kutt' und Säbel.

❋❋

Finanzminister.

Er sieht so sauer d'rein!
Was mag's nur sein?
Er schleppt ein Portefeuille, ein schweres,
Wenn gleich ein leeres.

❋❋

Was hilft's, die Steuern abzumessen?
Sie brauchen Waffen, Brod und Kleider,
Bald haben sie uns aufgefressen
Diese bewaffneten Hungerleider.

❋❋

Zweierlei Tuch, militärischer Brauch!
An meinem Schlafrock hab' ich's auch.

❋❋

Die Hund und Katzen tauchen ihre Rüssel
Seit lange in dieselbe volle Schüssel,
Das Fleisch ist weg, die Suppe ausgeronnen,
Jetzt um die Knochen hat der Kampf begonnen

1869.

Waffengerassel und Pulverdampf,
Ein ewiger Racen= und Sprachenkampf,
Stets wiederholt sich die alte Fabel,
Sie bauen immer den Thurm von Babel.

❊❊

Heiße Märzenschwärmerei
Noch vor zwanzig Jahren.
Nun, wir sind jetzt frei — dabei
Aber auch zerfahren.

❊❊

Was sich gesammelt hat bisher,
Sie wollens jetzt zerstreuen,
Österreich, nicht das alte mehr,
Wird sich's je erneuen?

❊❊

„Achtmal hundert tausend Mann!"
Wie man sich nur verwundern kann,
Ein Großstaat thut's dem andern gleich!
In seinen Kasernen ist Österreich.

❊❊

Du bist auf der Hut vor mir,
Ich hüte mich vor Dir,
So trauen sie Einer dem Andern nicht,
Man nennt's das europäische Gleichgewicht.

1870.

Geht Alles kreuz und quer,
Es gilt sich aufzuraffen;
Gibt's kein Europa mehr,
Man muß es wieder schaffen.

Die Welt in Kriegesflammen,
Große Siege, großer Ruhm,
Das morsche Afterkaiserthum
Es bricht zusammen.

Doch gälte dem Lande der Todesstreich,
Das wär' uns nur zum Leide,
Denn Frankreich, wie das deutsche Reich,
Nothwendig sind sie beide.

1871.

Deutschland — so mag, so soll es heißen!
Sei auch des Pudels Kern nur ein vergrößert Preußen.

⁂

Zwischen-Ministerium.

Hohenwart mit seinem Schilde
Deckt die schwächlichen Gebilde,
Träger namenloser Namen,
Werden gehen, wie sie kamen.

⁂

November 1871.

Ein Ministerium von pur honetten Leuten,
Das will etwas bedeuten!
So haltet's auch in Ehren,
Und mög' es lange währen!

1872.

13. Januar.

Sie haben den „Siebziger" hoch gefeiert,
Ihn angetoastet, angeleiert —
Wollet meinen Dank empfangen,
Meine wärmsten Händedrücke,
Denn Ihr lobtet meine Stücke,
Kann ein Dichter mehr verlangen?

Ein Recensent.

„Gerne gönnten wir Dir die Ehren,
Wenn Deine Sachen nur besser wären!"*)

---

*) Meine drei letzten größeren Repertoirestücke erschienen:
„Aus der Gesellschaft" im Jahre 1867 — „Moderne Jugend"
1869, — „Landfrieden" 1870, mithin bereits zu einer Zeit,
in welcher der Autor dem Greisenalter nahe war. Gelegentlich
des „Landfrieden" bemerkte ein Wiener Journal: „Der Dichter
ist noch immer jung." Dagegen hieß es in einem andern
Wiener Blatt: „Man merkt es dem Stücke an, daß Bauernfeld
recht alt geworden." Da hat man die Wahl!
Anmerkung des Autors vom Jahre 1885.

Es tadeln die Recensenten:
„Mit deinen leichten Sachen
Machst Du die Leute nur lachen" —
Doch besser, als wenn sie gähnten!
Mit Prinzen und Königen lebt' ich um die Wette,
Wenn ich Hamlet oder Faust geschrieben hätte!
Doch ich bin ich, will mich nicht besser machen,
So nehmt vorlieb mit meinen leichten Sachen!

1873.

Weltausstellung. Börsenkrach
Folgt ihr auf dem Fuße nach.

※※

Banquiers mit Mienen, ernsten, düstern,
Beraten sich mit den bestürzten Ministern.
Wie soll man operiren?
Die kranken Aktien „saniren"?

※※

Wie ist der große Riß zu heilen?
Wird Rothschild seine Millionen theilen?
Und thät' er so, und mit ihm alle Reichen,
Gäb's morgen auf's Neue auszugleichen.

※※

Mit Socialisten ist kein Streiten,
Sie sind dieselben wie zu des Gracchus Zeiten:
Weg mit Familie und Eigenthum!
Das ist ihr ganzes Remedium.

1874.

Die liberale Majorität,
Wie man ihr schmeichelt, wie sie sich bläht,
Doch laßt Euch nicht berücken,
Ihr macht Gesetze, die haben Lücken.

✸✸

Kommt Euch der Böhm in's Parlament,
So macht ihm Euer Kompliment,
Sonst, — fühlt er sich erst Herr im Haus —
Brutalisirt er Euch hinaus.

✸✸

Den Deutschen fehlt die Disciplin,
Der Einzelne beharrt auf seinem Sinn,
Will dem Parteibeschlusse sich nicht fügen —
D'ran werden sie schließlich unterliegen.

✸✸

Ein guter Redner von kühlem Verstande
Kann manches Gute fördern im Lande.
Doch warmes Herz bedarf's, Begeisterung,
Das bringt des Volkes Herz in Schwung.

✸✸

Der rechte Führer fehlt, ich sag es frei,
Ein deutscher Deák der deutschen Partei.

**

Die Krone steht hoch über Allen!
Erwägt mir das mit Takt und klugem Sinn,
Und sucht nicht Euren Stolz darin,
Dem Kronenträger zu mißfallen.

1875.

— ·

Der Deutsche spottet gern des Böhmen,
Der Ungar macht den Schwaben schlecht,
Und wie sich die Völker beim Schopfe nehmen,
Sie haben leider Alle recht.

❀❀

In irgend einer Form, beschränkt, verkehrt, verdreht,
Und stolz darauf, man nennt's die Nationalität.

❀❀

Mit Deinem eig'nen Werthe decke Du
Die Fehler Deines Stammes zu.

❀❀

Das Wandern ist Naturgebot,
Dient der Kultur zum Heile,
Die Völker wandern so aus Noth,
Und die Touristen aus Langeweile.

❀❀

Das Ausnahmsweise
Bringt Dich aus dem Alltagsgeleise,
Und das Alltägliche
Ist meist das Unerträgliche.

**

Es wandeln unter denselben Bäumen
Stets and're Menschen mit andern Träumen.

**

Es kommt wohl eine Stund' im Tag,
Wo man des Lebens sich freuen mag,
Die schönen Stunden, die Du erlebt,
Sie haben sich in Dein Sein verwebt.

**

Du schleichst im Frühlingssonnenschein
Mit inn'rer Qual und Herzenspein,
Und hängen an der Seele Gewichter,
Zieh'n Sonne und Mond Dir schiefe Gesichter.

**

Giebt Stunden, die rauschen dahin geschwind,
Und Stunden, die länger als and're sind.

**

Zwischen Schmerz und Langeweile,
Zwischen Wieg' und Grab
Geht die Stunde sonder Eile
Wie ein Pendel auf und ab.

**

Schwebt die gold'ne Morgenwolke
Vor dem lieben Jugendvolke,
Sendet sie dem Alter Regen,
Blitzt und donnert ihm entgegen.

❦

Der Morgen lügt,
Der Abend trügt.

❦

Wie steht's nur mit den Massen?
Den Tüchtigen werden sie ewig hassen,
Doch werden sie ihm ein Plätzchen gönnen,
Weil sie ihn nicht entbehren können.

❦

Welch ein Gemische!
Was für Geschöpfe,
Gott schuf große Wallfische
Und große Dummköpfe.

❦

Da geht ein nie Getäuschter,
Weil's ein Narr ist, ein eingefleischter.

❦

Man spricht mir von Erziehung,
Das ist der Andern Bemühung,
Dich's anzulernen wie sie selber sind,
Den Mantel zu drehen nach dem Wind.

❦

Was tippst Du auf der Wand herum, du Tropf?
Du triffst doch nicht den Nagel auf den Kopf.

☙

Handwerker mag den Bogen schnitzen,
Gilt's ihn zu spannen, da braucht's den Schützen.

☙

Sprich alle Sprachen mit Behagen,
Doch weißt in keiner was zu sagen.

☙

Aristokratisch ist die Natur,
Schafft wenig Fürsten nur,
Die geistig thronen,
Doch Pöbel nach Millionen.

☙

Umgang mit Leuten,
Die wenig bedeuten,
Macht dumpf und stumpf,
Dir ist's, als trätest Du in einen lauen Sumpf.

☙

Sie finden Alle ein groß Ergötzen,
Tagtäglich dasselbe Geschwätz zu schwätzen.

☙

Schwatzende Weiber und kitzelnde Fliegen
Sind allerweile nicht los zu kriegen.

☙

9*

Aufrichtiger als die Bücklinge der Edeln
Des Pudels freundliches Schweifwedeln.

❦❦

Für den Weltwanderer
Ist schier Ein Mensch wie ein Anderer.

1876.

Bleib' in der Stadt, Du kannst versauern,
Bleib' auf dem Lande, Du wirst verbauern.

❦❦

Es ward ein Weib als Hexe verbrannt,
Ihr Mann war dabei Holzlieferant.

❦❦

Das Mädchen mit seinem sich Putzen und Gaffen
Hat Launen von ein halb Dutzend Affen.

❦❦

Wie eine Palme schreitet sie einher,
Giebt weder Schatten noch Frucht, sie ist nur schlank
                                        und leer.

❦❦

Das Mädchen ist voll Eleganz,
Weiß wie ein Schwan, und dumm wie eine Gans.

❦❦

Wohlthätigkeitsbazare!
Herbei, junger Mann!
Hübsche Mädchen bieten da ihre Waare
Und sich selber an.

Den trefflichsten Mann mehr oder minder
Beherrschen sein Weib und seine Kinder.

Stand nächtens am unermeßlichen Meere,
Und über mir der Sternen Heere,
Wie schwindet da das Alltagstreiben und Streiten
Vor diesen beiden Unendlichkeiten!

Bei fleißiger Arbeit und guter Verdauung
Verbessert sich auch Deine Weltanschauung.

1877.

„Kenne Dich selbst!" — bedenkliche Sache.
Wie, wenn ich da eine schlechte Bekanntschaft mache?

❋❋

Der Pessimismus gilt uns, wißt,
Als Weltlehre die gerechteste,
Denn wie die Welt die beste ist,
So ist sie auch die schlechteste.

❋❋

Die Welt, die einzig mögliche,
Zugleich die unerträgliche.

❋❋

Thu Jeder nach seiner Überzeugung,
Der opfert ein Schaf, der seine Herzensneigung.

❋❋

Hat Gottes Sohn die Krämerbude
Geleert mit ihrem Schachertrug,
Bleibt Moses auch der einzige Jude,
Der je ein goldenes Kalb zerschlug.

1878.

Thronreden hüben und d'rüben,
Seifenblasen, die zerstieben!

✥✥

Die sind gerüstet von Kopf zu Fuß
Und bieten sich dabei den Friedensgruß.

✥✥

Westmächte, Ostmächte, wie nur die
So lieblich flöten in Harmonie!
Es schlägt den Takt dazu mit ernstem Sinn
Der große Concertmeister in Berlin.

✥✥

Die Balkankämpfe sind vorbei,
Geht's jetzt an die Theilung der Türkei?
Nur keine Übereilung
Bei dieser Ländervertheilung!
Man verhandelt bei noch rasselnden Waffen,
Dem „ehrlichen Makler" macht's zu schaffen.

✥✥

Am grünen Tisch will Jeder naschen,
Der Grieche ein paar Inselchen erhaschen,
Und der Serbe und der Bulgare
Sie kommen sich noch in die Haare.

❦❦

Stiehl eine Semmel, man wird Dich packen,
Doch straflos bleibt's, ein Königreich einzusacken.

❦❦

Wem aber wird's gelingen,
Den fettesten Bissen zu verschlingen?

❦❦

Aus mancher Brust ringt sich der Seufzer los:
„Byzanz, Byzanz!
Du süße Pomeranz!
Du reife Pomeranz,
O fall' in meinen Schooß!"

❦❦

Uns hat man Bosnien angetragen,
Wir haben nicht gezögert einzuschlagen,
So dürfen wir das Land besetzen und verwalten,
Noch ungewiß, ob wir's behalten.

❦❦

Schweine statt Pomeranzen,
Ein Zuwachs doch im Ganzen.

❦

In der Herzegowina hausen leider
Noch immer die Nasen= und Ohrenabschneider.

❦

In Serajewo verbreiten wir schnell
Die Bildung und das Tabakgefäll.

❦

Ministerium Auersperg †.

Sieben Jahre ließ ich's geh'n,
Erst willkommen Allen,
Später ließen sie mich steh'n
Und ich bin gefallen.

❦

Sie wurden in ihrem Amte grau,
Nun sind sie längst die Fertigen,
Die Exminister kennen genau
Die Fehler der gegenwärtigen.

❦

Neues Ministerium Taaffe.

Leicht, beweglich ging ich fort,
Leicht, beweglich komm' ich wieder,
Bin ich jetzt am rechten Ort,
Lass' ich mich für lange nieder;
Über den Parteien schweb ich,
Alle zu „versöhnen" streb' ich.

1879.

Die beste Zeit, sie ist vergangen
Und mit dem Rest nicht viel mehr anzufangen.

**

Ein Kind, so hold, so rein, voll Gottesgnade!
Du wirst dereinst ein Mensch wie wir! S'ist Jammer=
schade!

**

Ein Jeder ist sich selbst der Nächste
Und dichtet für sein eig'nes Gaudium;
Doch brächten wir das Allerhöchste,
Wo fände sich dafür ein Publikum?

**

Das wird ja täglich schlimmer!
Sagt, was und wie Ihr's treibt,
Daß Einer nur immer
über den Andern schreibt?

**

„Tendenz=Poesie", — die geht in's Mark,
Wirkt kurz, aber stark.

✳✳

Was hilft das Fragen und Klagen!
Du irrst und hast geirrt,
Frisch in der Jugend Tagen,
Im Alter resignirt.

✳✳

Roderich Benedix.

Gehst über Shakespeare zu Gericht,
Gar scharf und unverzagt!
Die schlechtesten Früchte sind es nicht,
An denen „Doktor Wespe" nagt.

Schlußabtheilung.

1880 bis Ende 1886.

1880.

Begreife, Du übergreifender Slave,
Dein Böhmen ist nur eine deutsche Enklave.

⁂

Gegenseitige Verdächtigung
Sie nennen's Gleichberechtigung.

⁂

Die schlauen Czechen, die rührigen Polen,
Sie wissen sich immer was zu holen,
Die Deutschen beweisen mit logischen Gründen,
Daß für sie nichts mehr zu finden.

1881.

— —

Ein wirrer Traum ist unser Lebenslauf!
Du speculirst — da wachst Du auf;
Und wenn Du dichtest, schwindet jede Pein,
Lullst Dich in neue, süße Träume ein.

❦

Ob Du lebest oder stirbst,
Immer war's ein Augenblick;
Was Du immer Dir erwirbst,
An die Erde fällt's zurück.

❦

Nur schöne Momente brachten Segen!
Was zählst Du die Stunden? Du mußt sie wägen!

1882.

—

Deficit und Steuer brennt
In unsern Eingeweiden,
Nur wer die „polnische Wirthschaft" kennt,
Weiß, was wir leiden.

❦❦

Der Deutsch-Österreicher spricht:

Es ist zum Teufel holen,
Die Böhmen und die Polen,
Die Polen und die Böhmen,
Sie sollten sich schämen,
Mir meinen besten Platz
Vor'm Maul so wegzunehmen —
Allein wer's hat, der hat's! —
Wer wird sich drüber grämen?

❦❦

Schlägt einer Dich auf's Maul,
So sei nicht faul
Und Stück für Stück
Gib' ihm's zurück
Dem G — — strick.

❦❦

Deutsch oder slavisch! Die Erbosung,
Sie schreitet vorwärts für und für;
Als Guelph und Ghibellin die Losung,
Da stand der Weltkrieg vor der Thür.

❦❦

Serben und Montenegriner.

Die kleinen Leutchen sind am Ende
Zu Großem auserkoren;
Ja, lange Messer und lange Hände
Taugt besser, als lange Ohren.
So kommen sie zum Triumphe leider,
Diese Nasen= und Ohrenabschneider.

❦❦

Serbien und Bosnien.

Ich kannte einen bescheidenen Knaben,
Der konnte Zuckerbrot haben
Und nahm's nicht an, beileibe!
Begnügt sich mit einem Kommißbroblaibe.

❦❦

Gefürchtet war Lord Feuerbrand,
Nur ging nicht Alles gleich aus Rand und Band,
Doch heute dieser fromme Bibelfresser
Versteht die Sache besser,
Bringt die Türkei an's Messer.

❦❦

Des Sultans Staaten wackeln,
Die Diplomaten gackeln.

❦❦

Es sitzen die Exzellenzen
In langen Conferenzen
Zu guten und bösen Stunden,
Inzwischen ist ein Reich verschwunden.

❦❦

Ohne die Mächtigen
Just zu verdächtigen,
Dürfen wir Schmächtigen
Und Unverdächtigen,
Braven und Biedern,
Kurzum wir Niedern
Ihnen erwidern:
Besser vielleicht nicht
Hätten wir's angestellt,
Das Ziel auch erreicht nicht:
Den Frieden der Welt —
Aber auch immer
Mit weiser Mäßigung,
Ohne Gehässigung
Nicht blutiger, schlimmer,
Gerade nicht — dümmer!

1883.

———

Der Staat auf Kündigung zur Not zusammen hält,
Zur Not erstreckt er seine Fristen,
Und wenn das Zentrum selber fehlt,
Was helfen die Zentralisten?

❦❦

Die Sach' verwickelt sich,
Der Einheitsstaat zerstückelt sich,
Mene Tekel für und für,
Itio in partes vor der Thür.

❦❦

Wie Ihr beredsam im Hause sprecht,
Zuletzt wird doch votirt,
Vernunft und Recht
Majorisirt.

Und wird auch viel darin geredet,
Mir scheint das ganze hohe Haus
Verlassen und veröbet —
Die Achtundvierziger sterben aus.

❦❦

Wie sie in allen Zungen gleich
Einander sich befehden!
Es gilt im polyglotten Reich
Deutsch mit den Leuten zu reden.

Wenn sie sich gegenseitig hetzen
Und unser Österreich zersetzen,
Man muß es tragen, man muß sich fassen,
Es über sich ergehen lassen,
Wie Ihr's gesä't, so schießt's in Samen,
Kein Wort von Politik mehr! Amen.

1884.

De natura deorum.

Sind jemals Götter auf Erden gewandelt?
Die Frage hat Cicero behandelt,
Doch dieses ganze Göttergelichter
Hat Menschenwesen, hat Menschengesichter.

Zeus ist ein König, ein absoluter,
Nach seinem Willen beliebig thut er,
Er thront auf seinem olympischen Sitz,
Sein Scepter gilt für Donner und Blitz,
Er ist auch des Schönen kein Verächter,
Besucht die hübschen Erdentöchter,
Und klopft er bei einem Weibe an,
Zur Ehre schätzt sich's der Ehemann.
Man opfert dem Gott die fetten Stiere,
Daß er nicht zürne und mild regiere.
So macht er gutes und schlechtes Wetter
Und seine Bastarde sind Halbgötter.
So geht's auch in andern Fürstenhäusern.
Will mich nicht näher darüber äußern.

Hat Gott Apoll den Kritikus geschunden,
Hätt' mich dabei nicht ungern eingefunden.

Um Troja ein Zanken und ein Hadern,
Denn Ichor fließt in der Götter Adern,
Der hitzige Saft, der wohl bekannte,
Den später „blaues Blut" man nannte,
Das reizt, wenn so die Adern schwellen,
Den jungen Adel zu Duellen,
Und wie bei Troja kämpft man da
Um eine — Theater=Helena.

Die Götter im Haus und auf den Fluren,
Es sind verkappte Menschen=Naturen,
Die Musen und Grazien nicht minder,
Blaustrümpfe und allerliebste Kinder,
Sammt den Dryaden und Hamadryaden,
Bocksfüßigen Satyrn ohne Waden,
Und dem tollen Korybantenchor —
Kurz, eine Religion mit Humor.

Vielgötterei
Sie ist vorbei,
Die Götter zerstieben —
Gott ist geblieben.

Gott sollst Du suchen zu allen Stunden,
Wer darf sich rühmen, ich hab' ihn gefunden?

Das Wissen, der täppische Geselle,
Mit seinem Schwergewicht,
Erspäht des Gläubigen schwache Stelle,
Stößt an den Glauben — und der zerbricht!
Der Fromme aber hält an seinem Glauben fest,
An seinem Gott, der nimmer ihn verläßt.

Das Urgeheimniß, wer mag es lösen?
Wer bringt in Gottes Sein und Wesen?
Vergebens suchst in Schriften und Büchern
Dich Deines Heiles zu versichern!
Was hilft Dir die Philosophenzunft,
Mitsammt der Kritik der reinen Vernunft?
Was Schopenhauers saure Glossen?
Dir bleibt die Geisterwelt verschlossen,
Und bis an's Ende Deines Lebens
Die ewige Wahrheit suchst Du vergebens.
So gilt's im Forschen und im Denken
Auf das Erkennbare sich beschränken,
Anstatt in mystischen Irrgewinden
Das Unergründliche zu ergründen;
Willst Du Dich sicher betten,
Mußt in den Glauben Dich retten.

1885.

————

Da haben sie zu guterletzt
Den Doktorhut mir aufgesetzt!
Muß mich der großen Ehr' fast schämen,
Doch gilt's, sie dankbar anzunehmen,
Ein König wird durch der Krone Pracht,
Der Hut noch keinen Gelehrten macht.

✽✽

Gesellig lebt' ich gern wie in den jungen Jahren,
Wär' die Gesellschaft weniger zerfahren.

✽✽

Hab' Alle, die mit mir geboren,
Die Jugendfreunde längst verloren,
Doch ist von nachgebornen Guten, Lieben,
Mir stets ein treuer Kreis verblieben.

✽✽

Den edlen Frauen Dank vor Allen!
Wie sind sie so besorgt um mich,
Nachsichtig auch, und lassen sich
Des Alten Launen gern gefallen.

Einer Freundin.

Matrone mit den weißen Haaren,
Wie Deine Anmuth stets besticht,
Heut' wie in Deinen jüngsten Jahren,
Mit Deinem Geist, dem immer klaren,
Demselben holden Angesicht,
Dem Aug', aus dem die Seele spricht.

An meine treue Resel.

Rastlos, mit frohem Muth
Poltert das frische Blut,
In raschem Lauf
Trepp' ab, Trepp' auf,
Dient mir ohn' Unterlaß,
Holt mir bald dies, bald das,
Scheuert und fegt und putzt,
Wie es mir taugt und nutzt,
Liest mir vor und kopirt,
Was ich so koncipirt,
Dient mir so früh und spät,
Schließt mich in ihr Gebet,

Ihr Leben still und klein,
Dreht sich um allein —
Wie sollt' ich ihr nicht dankbar sein?

❦❦

Lernt' einen Mann der Kirche kennen,
Ein trefflicher Mann, ich könnt ihn nennen,
Besucht' ihn in seinem stillen Haus,
Wir sprachen uns über Vieles aus,
Und so verkehrten wir in Frieden,
Sind unf're Wege gleich verschieden.
„Der Kirche," — sagt er — „gehört mein Streben,
Verdamm' ich darum Ihr Bühnenleben?
Jetzt sind Sie alt und abgeklärt,
Sie kennen wie ich der Dinge Werth,
Und Beide sind wir ehrliche Wiener!" —
Ihre Hand, Hochwürden! Ich bin Ihr Diener.

❦❦

Mit einem Andern kam ich nicht näher,
So ein moderner Kirchenvorsteher!
Er ist gewandt,
Auch obligeant,
Mit Damen galant,
Versteht sich gefügig zu erweisen
Bei Hof wie in aristokratischen Kreisen.

❦❦

Dafür mein Jugendfreund ein Kaputziner,
War schlicht und fromm, ein echter Gottesdiener

❦❦

Erinnerung
an Ludwig Löwe und Karl Laroche.*)

Kanntet Ihr den Feuergeist,
„Heißsporn", wie man gern ihn nannte?
Und er spielt' ihn nicht, er war's!

Heißes Blut im festen Körper,
Heißen Liebesdrang im Herzen
Stürmt' er durch die Welt des Scheines
Ein dramatischer Komet.
Aber in der Kunst, im Schaffen
Ward ihm edelste Begränzung,
Und, die Feuerglut geläutert,
Bracht' er uns'rer Dichter Helden
Zu lebendigster Gestaltung.

Und der Andre! Zwar lebendig
Und beweglich, aber maßvoll,
Kein so stürmischer Titane,
Mehr behaglich und behäbig,
In der Kunst gar vielgestaltig,
Wie Ihr wißt, Thalia's Liebling.
Beide Meister wirkten lange
Neben so wie mit einander,

---

*) Veranlaßt durch ein lebensvolles kleines Gemälde, welches
die beiden Künstler im vertrauten Verkehr bei einander sitzend
und in gelungenster Portraitähnlichkeit darstellt.
　　　　　　　　　　　　　Anmerkung des Autors.

Waren sich auch Nebenbuhler,
In der Kunst wie um die Gunst,
Kamen oft sich in die Quere,
Blieben Freunde doch zuletzt.

Ohne heftiges Entflammen
Sitzen traulich sie zusammen,
Schöner jugendlicher Tage
Eingedenk — nicht ohne Klage!
Denn das Schöne geht vorüber
Und die Stunden werden trüber.
Kann der Greis dem Jüngling gleichen?
Feuerglut, sie ist im Weichen!
Bin ich doch im gleichen Falle —
Ja, das Alter bändigt Alle!

1886.

——

So ist ein Jahr dahin gegangen,
Nun gilt's ein neues anzufangen;
Ein Jugendjahr, so bunt so reich!
Im Alter ein Jahr dem andern gleich.

✲✲

Die Bühne bringt den Schein des Lebens,
Sein Wesen sucht Ihr da vergebens.

✲✲

Kutschieren magst Du mit Fiakermähren,
Kunstpferde halte Du mit Recht in Ehren,
Paßgänger sind sie nicht wie so die Rossemenge,
Mit Künstlerlaunen springen sie über die Stränge.

✲✲

Die Mimen sind ein eigen Geschlecht,
Lobt man sie alle, ist's keinem recht,
Ein Jeder sieht sich im hellsten Licht,
Die Andern steh'n im Nebel dicht,
Müßt ihnen erlauben, des Friedens wegen,
Das Loszieh'n über ihre Collegen.

❦❦

Der Held sei aller Würde bar,
Ein guter Intriguant höchst rar,
Die Elegante meist affektirt,
Die Heroine zu manierirt,
Der Komiker sei derb und schaal,
Der zärtliche Vater trivial,
Und Julie klagt mit Ach und Oh
über ihren hölzernen Romeo.

❦❦

Und sah ich sie spielen Hand in Hand,
Erfreut' ich mich doch ihrer,
Und Mancher der Schimpfirten stand
Weit über dem Schimpfierer.

❦❦

Die Mimen, welche täglich sich verwandeln,
Nachtäuschend in Affekten sich verzehren,
Mit Vor= und Nachsicht muß man sie behandeln,
Und nicht, als ob es Alltagsleute wären.

❦❦

Wenn sie tagtäglich trageriren,
Und Fürsten, Räuber und Mörder agiren,
Kein Wunder, daß sie sich exaltieren,
Und auch im Leben extrabagiren.

❋

Burgtheater, mir einst so heilig,
Weßhalb warbst Du mir längst langweilig?
Ists weil das Alter mich versteinert?
Oder hast Du Dich verkleinert?
Die Künstler sind noch immer tüchtig,
Doch Manches im Haus ist nicht ganz richtig,
Hat sich da eingenistet seit Jahren
Ein bureaukratisches Gebaren,
Der heitern Kunst ursprüngliche Quelle
Ward, wie das Lotto, zum Gefälle.
Man will die Einnahmen nur vermehren,
Urlaub und Vorschuß nicht gewähren —
So klagen die armen Kunstgenossen,
Sind überladen und verdrossen,
Der Dramaturg weicht dem Kassiere,
Zugstücke arbeiten wie Zugthiere,
Es weichen (so füllt das Haus sich besser)
Die Klassiker dem „Veilchenfresser."

❋

Ihr Herrn Dramatiker, nicht so stolz!
Zwar Stücke fabricirt ein Jeder,
Der Eine zimmert sie von Holz,
Der Andre schnitzelt sie aus Leder.

❋

Die deutsche Bühne ist ein Saturn,
Zeugt neue Kinder beständig
Im Soccus oder im Kothurn,
Verschlingt sie oft lebendig.

❀❀

Von Iffland und Kotzebue keine Spur,
Und viele nach ihnen verschlungen sind!
Ja selbst von Raupach bleibt uns nur
Der „Müller und sein Kind" —
Doch die haben ausgehustet zuletzt,
Und sich zur ewigen Ruh' gesetzt.

❀❀

Was wollt Ihr die Franzosen schelten?
Sie haben Geist und Witz, das packt!
Sei's übertrieben, laßt es gelten!
Seid Alles, nur nicht abgeschmackt.

❀❀

Was Plautus und Terenz gebracht,
Sie nahmen's von Menander,
Molière hat's ihnen nachgemacht,
Kurz, wir bestehlen einander,
Dem Lustspieldichter sagt's nur unverholen:
Hätt' er doch mehr von Molière gestohlen!

❀❀

Mich nennt ein kritisch milder Richter
Den ersten deutschen Lustspieldichter;
Das Lob, es macht mich schier perplex —
Nun, inter coecos luscus rex!

☙

Musik zu lesen ziemt Musikgelehrten,
Wie Andern müssen sie durch's Ohr verwerthen,
Das liebe Publikum beruft sich auf sein Ohr
Und zieht die „Fledermaus" den „Nibelungen" vor.

☙

Orchester=Effekte, wie doch die
Dem Meister stets gerathen!
Doch fehlt die frische Melodie,
Bleibt's eine Sauce ohne Braten.

☙

Friedrich Hebbels Tagebücher.

Die Muse hat ihn reich beschenkt,
Sein Geist ist eigen eingerichtet,
Er ist ein Dichter, wenn er denkt,
Ein Grübler, wenn er dichtet.

☙

Wie viele Gedanken verloren bleiben!
Man war zu faul, sie aufzuschreiben;
In Zukunft soll kein Einfall mir entweichen,
Auf die Gefahr — ihn wieder weg zu streichen.

☙

Ich streiche viel — es bleibt der Lesewelt
Wohl des Gedruckten noch zu Vieles über.
Und wenn der Unmuth mich befällt,
Strich' ich das ganze Büchlein lieber.

❦❦

Gedanken kommen und schwinden,
Man darf sie nicht suchen, sie müssen sich finden.

❦❦

„Alles ist eitel!" Er durft' es sagen,
Der sich mit Weibern so viel herum geschlagen.

❦❦

Es fehlt dem lieben Frauengeschlecht
Sinn für Humor, wie für das Recht.

❦❦

Sie hat ihr Kind geherzt, erfüllt die Mutterpflichten —
Die Kindsfrau wird das Übrige verrichten.

❦❦

Das Kind hat an der Amme Brust gesogen,
Und später hat Mamachen es verzogen.

❦❦

Mit stillem Drängen, ohne zu verletzen,
Versteh'n die Frauen Alles durchzusetzen.

❦❦

Von ewiger Liebe ist ein Schwärmen —
Das giebt sich denn, wenn erst die Kinder lärmen.

❦❦

Wer von den Beiden im Vortheil ist?
Die Frau erinnert sich, der Mann vergißt.

❦❦

Komm' zu des Freundes Leichenbegängniß —
„Just zu Tisch geladen. S'ist ein Verhängniß!"

❦❦

Kleine Leute mit Behagen
Lösen sociale Fragen.

❦❦

Einsiedler in seiner Hütte
Kasteiet seinen Leib
In der Insekten Mitte —
Das ist sein Zeitvertreib;
Raubritter auf seinem Schlosse
Zieht aus und wieder ein,
Mit seinem wilden Trosse
Sauft den gestohl'nen Wein;
Gelehrter in seiner Stube
Studiert das Pergament —
So jeder auf seiner Hube,
In seinem Element.

❦❦

Ich kann's noch immer nicht recht begreifen,
Daß Rosen welken und Mispeln reifen.

❦❦

Durchschwärmst die halbe Welt — was kommt heraus dabei?
Veränderung ist nur ein andres Einerlei.

❦❦

Mußt Dich selber überwinden,
Duldend schweigen — das nur kräftigt.
Mitleid wähne nicht zu finden,
Jeder ist mit sich beschäftigt.

❦❦

Und wenn mein Ich ein Zweites hätte,
Ich fürchte sehr, wir stritten um die Wette.

❦❦

Es braucht zu Allem ein Entschließen,
Selbst zum Genießen.

❦❦

Könnt Ihr dem glühenden Lavastrom entweichen?
Eh' er sich abkühlt, seid Ihr Leichen.

❦❦

Ein umgekehrter Brutus dieser Mann,
Stellt sich gescheidt und ist ein Dummrian.

❦❦

Nur selten findet man, es muß befremden,
Gute Cigarren und gut gemachte Hemden.

❦❦

Tanzmeisters eifrigstes Bestreben:
Vom Fuße in den Mund zu leben.

❦❦

Im Stadtpark.

Weh! diese neuen Wasserschläuche
Bespritzen uns die Bänke und die Bäuche!

❦❦

Hochquelle stockt — nur halb gefüllt die Wasserflaschen,
Zu trinken wagt man kaum — geschweige sich zu waschen.

❦❦

Ich sag' es Euch sub rosa:
Die Welt ist tief getaucht in Prosa,
Ein Glück, daß Blumen blüh'n und Frühlingsquellen fließen,
Und daß sich Liebende von Zeit zu Zeit erschießen.

❦❦

Das Thier weiß nichts von Raum und Zeit,
Der Tag ist ihm die Ewigkeit,
Und nur die Menschen wissen,
Daß sie sterben müssen.

❦❦

Philosophie, ein Kunstpferd für den Reiter,
Bringt auf dem Lebenswege Dich nicht weiter.

❦❦

Wenn And're sich im Schlamme wälzen,
Du schreite sorgsam drüber hin auf Stelzen.

❦❦

Weit lieber das langweiligste Buch,
Als so ein unwillkommener Besuch.

❦❦

Gemeinheit und öffentliche Meinung! —
Kommt oft gleichzeitig zur Erscheinung.

❦❦

„Sehnsucht, der Bürge einer andern Welt!" —
Was hilft ein Bürge, der nicht zahlt, noch zählt!

❦❦

Des Königs der Minister,
Des Bischofs der Unterpriester,
Des Meisters der Geselle,
So Jeder an seiner Stelle,
Das Weib des Mannes, des Weibes der Mann
Ist Ein's des Andern mächtigster Tyrann.

❦❦

Was für ein Treiben
Mit diesem Zeitungswesen!
Wer soll noch Bücher schreiben?
Wer wird sie lesen?

❦❦

Morgen-, Mittag- und Abendzeitung,
Gasbereitung und Wasserleitung,
Auch Telephon und Telegraph
Arbeiten sich in die Hände brav —
Das Leben wird stets breiter und bequemer,
Doch just nicht angenehmer.

❦❦

Was die Väter einst verbrochen,
An den Enkeln wird's gerochen,
Doch die Enkel, nun selber Väter,
Sind dieselben Übelthäter.

❦❦

Des Diebes Sohn wird Straßenräuber später,
Die Söhne bringen's weiter als die Väter!

❦❦

O Zeit der Schwerenoth!
Kaum kann man sich das Leben fristen,
Das Kapital ist hart bedroht,
Doch es gedeih'n die Kapitalisten.

❦❦

In unsern Tagen
Glücksgüter wechseln und wandeln.
Man hört nur klagen,
Die jüdischen Ärzte fragen:
„Nichts zu behandeln?"

❦❦

Urbanität hat ihre Plage,
Die Höflichkeit ist häufig Heuchelei,
Nicht selten möchte man, stünd' es uns frei,
Statt: „Guten Tag" — „Hol' Sie der Teufel" sagen.

❦❦

„Süße, heilige Natur" —
Die die Cholera uns spendet,
Erdbeben und Schneelawinen sendet —
„Leite mich auf Deiner Spur,
Führe mich an Deiner Hand" —
Durch Samum und Wüstensand —
„Wie ein Kind am Gängelband!" —
Aus Philisterphantasie
Sprießt dergleichen Poesie.

❋❋

Drei jüdische Genies! Ich meine
Spinoza, Mendelssohn und Heine.

❋❋

Die Population ist träg und weich,
Da braucht's vielleicht den jüdischen Sauerteig.

❋❋

Die Juden in Massen
Ihr mögt sie hassen,
Selbst dann, wenn sie sich taufen lassen.
Doch wollt indessen
Ein's nicht vergessen:
Sie waren vordem die viel Gezählten,
Von Gott Erwählten!

❋❋

Wird Einer Christ aus Herzensdrang,
Der geht Euch vor im Seelenrang.

**

Einer für Viele spricht:

Mein Leben geht in Müh' und Arbeit hin,
Ein Mensch wie Ihr, so nehmt mich wie ich bin,
Ein Jude bin ich, Euch's heraus zu sagen:
Es ist ein Unglück, doch man muß es tragen.

**

Sie wollen einander überlisten,
Die schlechten Juden, die schlechten Christen.

**

Wie steht's nur mit der Menschenbrut?
Man kommt zu Erkenntniß mählich:
Die Kinder sind so lieb und gut —
Und die Erwachsenen so unausstehlich.

**

So manche blumige Oase,
Ward mir beschieden,
Allein in keiner Lebensphase
War ich mit mir zufrieden.

**

Glücklich war ich nie — das Glück
Winkte mir bisweilen,
Bald doch zog es sich zurück,
Konnt' es nicht ereilen.

❦❦

In Deinem Traum kommt Manches an den Tag,
Was tief im Herzen Dir verborgen lag.

❦❦

Da zieht die fromme Procession,
Fleht um ausgiebigen Regen,
Dort aber bittet die and're schon
Um Sonnenschein dagegen;
Was soll der Herr nun Beiden gewähren,
Wenn sie so Disparates begehren?

❦❦

Es gilt die Last zu tragen
Und sei sie noch so schwer,
Es drücken mich, nicht zu sagen,
Die achtzig Jahr und mehr.
Bin lange nicht krank gewesen,
Doch kränkelt man nach und nach,
Längst kann ich nicht mehr lesen,
Das ist eine schlimme Sach'!

❦❦

Schleichst immer Du auf dunkeln Wegen,
Entwöhnst Du Dich des Lichts,
Und gehst Du stets der Sonn' entgegen,
Siehst Du vor lauter Klarheit nichts.

❀❀

Soll diese alte Zeit nicht ganz veralten,
Muß sie sich demokratisch umgestalten.

❀❀

Cäsar oder Brutus — wähle!
Der große Geist — die große Seele.

❀❀

Die großen Geister, die großen Herrscher fehlen,
Und leider auch die großen Seelen;
So bleiben die wilden Massen
Sich selber überlassen,
Ohne Führer, ohne Leiter,
Und das Chaos geht so weiter.

❀❀

Deutschland das einzige Reich auf Erden,
Das werth ist, Republik zu werden.

❀❀

Was predigt Ihr den Wilden?
Thut Noth, erst die Gebildeten zu bilden.

❀❀

Mein Loos war nicht das schlimmste von allen,
Ich laß' es gelten,
Doch ist mein Butterbrod nicht selten
Auf die fette Seite gefallen.

❧❧

Wir sind die Greise,
Mehr alt, als weise.
Die Alten baseln,
Die Jungen faseln.

❧❧

Jugend, heiterstes Genießen,
Rauschend wie die Quellen fließen;
Starrt der Bach zu Eis —
So genießt der Greis.

❧❧

Zur Weihnacht.

Der Himmel hat sich umzogen,
Umflort ist auch mein Sinn;
Die Stunden, die sonst flogen,
Sie schleichen träge hin.

Die Leute, wie sie laufen
(Am Fenster halt' ich Wach)
Geschenke einzukaufen —
Seh' ihnen träumend nach.

Bald zünden sie Weihnachtslichter,
Und schmausen und gießen Blei —
Die fröhlichen Kindergesichter:
Wie gern wär' ich dabei.

Nur zu, Ihr lieben Kleinen,
Doch ich bin alt und verdrossen,
Das Blei, das Ihr gegossen,
Es liegt mir in den Beinen.

❋❋

Mit Augen, die in die Ferne gleiten
Bis an des Horizontes Rand —
So werfen wir einen Blick von weiten
In das gelobte Land.

❋❋

Du fragst am Ende des Jahres:
Was war es?
Und klagst am Ende des Lebens:
Es war vergebens.

❋❋

Die Zeit ist um — genug der Lust, des Leides!
Das Leben wie der Tod, ein Räthsel beides.

❋❋

Es gilt durch's Leben sich zu quälen,
Du magst gehorchen oder befehlen.

❦

Wer trüg' aufrichtiges Verlangen,
Sein Leben noch einmal anzufangen?

❦

Bin anno zwei geboren,
Und immer klingt's mir in den Ohren:
„Wir leben in einem Übergang!" —
So geh' ich über bereits hübsch lang,
Und so ist mein Leben schier hingegangen,
Eh' ich zu leben recht angefangen.

❦

Ich bin am Ende des Zieles,
Gern sagt' ich Euch noch Vieles,
Es kommen im Gedränge
Gedanken eine Menge,
Leichtfertige, auch tiefe,
Gerade, so wie schiefe —
Was hilft das Wählen und Schwanken?
Man muß sich beschränken,
Auch kleine Gedanken
Geben zu denken,

Und kommen sie in Haufen,
So nehmet sie, wie sie laufen,
Nur fragt mich nicht um dies und das,
Und fragt mich nicht um wie und was —
Steht's im Tagebuch doch klar,
Was ich bin und was ich war,

Druck von Heffe & Becker in Leipzig.